鍾彩鈞 著

文史哲學集成

王陽明思想之進展

文史哲出版社 印行

國立中央圖書館出版品預行編目資料

王陽明思想之進展 / 鍾彩鈞著. -- 初版. --臺
北市: 文史哲, 民82
7,190面 ; 21公分. -- (文史哲學集成 ; 91)
參考書目:面617-638
ISBN 957-547-204-7(平裝) NT$ 180

1. (明) 王守仁 - 學識 - 哲學

12634　　82001655

⑨1 文史哲學集成

王陽明思想之進展

著者：鍾彩鈞
出版者：文史哲出版社
登記證字號：行政院新聞局局版臺業字五三三七號
發行人：彭正雄
發行所：文史哲出版社
台北市羅斯福路一段七十二巷四號
郵撥〇五一二八八一二彭正雄帳戶
電話：三五一一〇二八
印刷者：文史哲出版社

實價新台幣三〇〇元

中華民國八十二年三月初版二刷

ISBN 957-547-204-7

序言

本文原爲國立台灣大學中國文學研究所七十年度碩士論文，由何佑森教授指導。本文經改寫而成，更定部份約佔原文之半。

本文要旨，在分階段敍述陽明思想的發展，並分析發展的動向。凡陽明的行事影響及其思想發展，且可視爲事上磨鍊工夫者，皆略加討論。

各章大意：第一章陽明早年爲學的歷程。分析陽明早年循朱子之教做格物工夫所遭遇的困難，以及出世入世抉擇的關鍵。「大疑則大悟」，故早年的迷惘實是啟發新解的動力，從其追尋又可覘知陽明的實行精神，可以說陽明是從實踐與內省而體會到朱子舊說與佛老出世說的困難。

第二章心即理說。敍述陽明三十七歲龍場之悟以後的新說。龍場之悟是在逆境中做徹底銷欲工夫的結果，故亦是由實踐而體悟的。心即理的意義是取消朱子心理爲二的問題，遂不必再做朱子格物的工夫。

第三章知行合一說與誠意之教。既然不必再做朱子格物工夫，即須講求一套與心即理說相應的工夫。幾經斟酌，到陽明四十三歲在南京時，終能確定了「事上磨鍊」。事上磨鍊的意義是在體用合一、心事不二的前提之下，在所遇的一切事爲上做存天理去人欲的工夫，而不必另起反觀內心的念頭，因爲事上工夫卽是心地工夫了。陽明的工夫論至此成熟，陽明名之爲「誠意」，以與朱子的格物相對。

第四章良知的體悟。陽明五十歲揭致良知之教。本章說明陽明爲何從「誠意」說進一步提出「致知」說。從理論發展上說，良知是深入地「體認天理」的結果，是「存天理去人欲」的「眞幾」，又是事上磨鍊工夫所必須的根據。從實地人生經驗說，陽明四十八歲時勘定宸濠之亂，亂定後又憂讒畏譏。此時陽明能堅貞自處，履險如夷，其根據在是非自信於心。於是進而體悟到良知眞是我的把柄。

第五章朱王異同—知識工夫與事上磨鍊。本章從工夫論的觀點，就知行關係這一點來做比較。朱子有一套知識工夫，陽明取代以良知，遂在知上不見工夫，只在行上著力。行的工夫卽事上磨鍊。故朱王異同可以知識工夫與事上磨鍊判之。

第六章良知與事爲（上）—事上磨鍊。本章旨在說明陽明晚年雖然徹悟本體，以至實踐工夫與境界流行合而爲一，不待費力，但其自處與教人仍然以做工夫爲第一義。分四點以說明之：大學問與四句教的工夫論，陽明對四有四無說的平停，陽明對門人工夫的指點，陽明學說諸概念的分析。

第七章良知與事爲（下）—經世思想。前面諸章都討論純粹的道德實踐，本章進論實際事務的實踐，分明德親民說、拔本塞源論、隨才成就說三節以論之。此類言論雖不多，却是晚年的重要見解。

第八章結論。以陽明實際人生做爲事上磨鍊說的證據。陽明一方面是道學家，一方面又是軍事家政治家。陽明能從實際事爲中隨分做存理去欲的心地工夫，終至能使其事功成爲道德實踐。道德與事功的結合就是陽明的事上磨鍊與隨才成就。

本文探討陽明學說進展的推動力，而歸結於實踐、反省、眞切之感這幾個要素。陽明的工夫論是「事上磨鍊」，是其學說日躋於高明的基礎，本文有詳盡的闡述。本文用事上磨鍊說來說明陽明的工夫論，對當今陽明學研究或者略有補充之功。陽明學說的中心觀念如誠意、致良知、知行合一等，都是千鍾百鍊、涵義豐富的學術術語，事上磨鍊雖也是陽明之言，却只是個較普通的辭彙，故提出「事上磨鍊」並不足以取代誠意等專門術語。然而吾人若用「事上磨鍊」來解釋誠意、致良知、知行合一，將可了解陽明工夫論平易具體的一面，及其專力於事爲的特色。一般論陽明學的多注意良知說，如黃黎洲說：「自姚江指點出良知人人現在，一反觀而自得，便人人有個作聖之路，故無姚江，則古來之學脈絕矣！」當今學者也大抵著重發揮此點，如牟宗三先生謂宋明理學三系中，象山陽明一系是透過孔子之仁與孟子之本心而完成儒家道德形上學者，杜維明先生謂陽明發揮儒家思想的主體性，島田虔次先生謂陽明學說是儒家內面主義。然而優良的道德理論必善言心事關係，陽明對此有極精闢的見解，他强調只要在事上做工夫，就不必另外照管內心，因爲心事本來合一，指出此點，或者可以補充諸先生未及之義。由事上磨鍊說還可推演到具體實務的道德性，而連接上陽明晚年的明德親民說、拔本塞源論、以及其他重視氣質才智的言論。陽明的道德事功皆光耀後世，事上磨鍊說可以說明他的同時重視事功實踐。

本文順利地完成與出版，實在由於師長的愛護提携。何佑森老師曾先後指導碩士論文及此次改寫，對我啟迪良多，本文的中心觀念「事上磨鍊說」即得自於何師的提示。龍宇純老師雖與我的研究領域不同，但他的愛護與期許鼓舞着我，使我不敢懈怠廢業。羅聯添老師的多方鼓勵，使我有勇氣將本文付梓。在此敬向三位老師表示衷心的謝意。

鍾彩鈞謹序於國立中山大學中國文學系七十二年八月

王陽明思想之進展　目次

第一章　陽明早年爲學的歷程

第一節　循朱子之教格物

陽明三十七歲時在龍場悟得「格物致知」的道理，這是他學問成熟的一個關鍵。龍場之悟以前，他懷抱着做聖賢的志願，苦苦摸索爲學的方向；龍場之悟的意義是他自此找着了爲學的坦蕩大道，不但自己能大步前進，還能充滿自信地高擧聖賢的旗幟，來接引有志向學之士。

本章論陽明早年爲學的歷程。所謂早年乃指三十七歲以前而言。是時陽明雖未尋得自己的學問途徑，但是他所懷抱的志願，他爲學歷程上長期的挫折，與這些挫折所引起的疑問，久久蓄藏於心，却是龍場之悟的遠源，唯其曾經經過長時的蘊釀，才能透過龍場這個機緣，而悟出新的學說。於是要了解龍場之悟的意義，須先分析他早年爲學的經過。

先說他的志願。陽明最深、最根本的志願，長久蘊蓄於心的，便是要做個聖賢。陽明少年時代的一些機緣促成了這個志願的自覺，玆略述立志的經過。根據年譜與諸家傳記，陽明生來便是個天才橫溢、豪邁不羈的孩子，並不曾有規矩行步、嚴肅枯槁的道學氣味。玆根據「王陽明先生出身靖亂錄」一書所載幼年軼事來說明。（註一）「十二歲在京師就塾師，不肯專心誦讀，每潛出與羣兒戲，製大小旗幟，付羣兒持立四面，自己爲大將，居中調度，左旋右轉，略如戰陣之勢。龍山公出見之，怒曰：吾家世以讀書顯，安用是爲？先生曰：讀書有何用處？龍山公曰：讀書則爲大官，如汝父中狀元，皆讀書力也。先生曰：父中狀元，子孫世代還是狀元否？龍山公曰：止吾一世耳。汝若要中狀元，還是去勤讀。先生笑曰：只一代，雖狀元不爲希罕。父益怒扑責之。」（註二）陽明幼年時是個頗具狂氣的天才兒童，由戲爲戰陣的故事，可見他生具將才，又有大志。大抵生具異稟之人，常自覺或不自覺的流露出有很高的自我期許，斯時陽明的自許似是在功名一面。對父親安排入學之事不肯馴服，並不完全是好動頑皮的表現，而多少有輕視不屑的意思。讀書頂多中狀元，狀元不過一代風光，但若戰陣立功，摧滅强敵，却可數世安堵，其功名自然遠過於狀元了。「先生又嘗問塾師曰：天下何事爲第一等人？塾師曰：嵬科高第，顯親揚名如尊公，乃第一等人也。先生吟曰：嵬科高第時時有，豈是人間第一流？塾師曰：據孺子之見，以何事爲第一？先生曰：惟聖賢方是第一。龍山公聞之，笑曰：孺子之志何其奢也？」此處陽明不見得否定讀書，但其鄙狀元不足爲則是顯然的。狀元年年有，聖賢則不世出，陽明蓋少有冲天之志，要做曠古難遇的大人物，不一定卽對儒家道德理想有何體驗。「先生一日出遊市上，見賣雀兒者，欲得之。賣雀者不肯與，先生與之爭。有相士號麻衣神相，一見先生，驚曰：此子他日大貴，當建非常功名。乃自出錢，買雀以贈先生。因以手撫其面曰：孺子記吾言：鬚拂領，其時入聖境；鬚至上丹臺，其時結聖胎；鬚至下丹田，其時聖果圓。又囑曰：孺子當讀書自愛，吾所言將來以有應驗。言訖遂去。先生感其言，自此潛心誦讀，學問日進。」靖亂錄一連記了三個故事，代表陽明入塾後由嬉遊轉爲勤讀的經過。雖然只是軼聞，遇相士事尤離奇，但我們可以僅取象徵意義。（註三）第三個故事兼括了陽明對非常功名與不世出聖賢的憧憬，同時似乎也覺悟了須儲備學問以爲他日大用的資本。這是他幼年時受感發而立志爲聖賢的經過，此時他所理解的聖賢似乎是以建立非常功名爲標準的，靖亂錄又載：「先生十四歲，習學弓馬，留心兵法，多讀韜鈐之書。嘗曰：儒者患不知兵。仲尼有文事，必有武備。區區章句之儒，平日叨竊富貴，以詞章粉飾太平，臨事遇變，束手無策，此通儒之所羞也。」（註四）可爲良證。

陽明最初理解的聖人雖是如此，但只要一立此志，潛心向學，就會接受宋明理學強調內聖的傳統，而注重人生至道的尋求。靖亂錄載：「先生十八歲，是冬與諸夫人同歸餘姚。行至廣信府上饒縣，謁道學婁一齋，語以宋儒格物致知之義，謂聖人必學而可至。先生深以爲然，自是奮然有求爲聖賢之志。平日好諧謔豪放，（註五）此後每每端坐省言曰：吾過矣！蘧伯玉行年五十而知四十九之非，何其晚也。」（註六）謁見婁一齋一方面是確定了少年憧憬爲不誤，又得聞達到理想的方法，另一方面則是得到正統儒學的指點，而注意到澄汰狂放的氣質，講求身心的修養。陽明此時的聖賢之志是醇正多了，但須注意的是他仍然懷抱着用世的雄心。

其次我們要討論陽明所從事的「聖學」是什麼。婁諒告訴他朱子格物之學，這是當時學問正宗。

格物意味着從博學多聞中認識聖人的道理，所謂「至道」、「至理」。天下之物莫不有理，所以要即凡天下之物都窮究其極至之理，窮究得這極至之理，也就懂得了聖人的道理，因爲物物的極至之理也便是人的極至之理。能夠如此，聖人自然是可學而至了。

見到婁諒的第二年，陽明藉著學舉業的機會，開始了他的格物之學。是時他與諸弟輩相與講析經義，所謂講析經義，就是講求八股制義的作法，以應付科舉爲目的。陽明日則隨衆課業，夜則搜取諸經子史讀之，多至夜分。由於讀書多，積理富，他的文字進步的很快。諸弟輩知道了這個緣故，說：「彼已游心舉業外矣，吾何及也！」（註七）他的多讀諸經子史，既然不爲了舉業，則自然是以之爲聖學工夫。朱子格物之教雖謂格天下之物，事實上也以爲讀書是最主要與最有效的工夫。書上記載了聖人的經驗和道理，讀了就成爲我的，是省了多少力氣。（註八）所以陽明早年的格物之學主要就是讀書，而且是以博覽羣籍的方式來讀書。

現在我們進一步討論這種格物方式所產生的困難。陽明的格物之學，使他飽覽羣籍，文字大進，已經算很有效果了。但就其做聖賢的志願而言，他却發現這種格物方式沒有效果。據年譜的記載，陽明格物遇到困難有兩次。一是官署中格竹，沈思數日仍然不得其理，這是尋求物理，而在物上尋不到理的問題。二是讀書欲循序致精，但物理吾心終若判而爲二。這是在書本上看得了這些理，而吾心依然故吾，無法受用的問題。玆先敍述他格竹的經驗。

年譜孝宗弘治五年壬子，先生二十一歲條記載著：

是年爲宋儒格物之學。先生始侍龍山公于京師，徧求考亭遺書讀之。一日，思先儒謂衆物必有表裡精麁，一草一木，皆涵至理。官署中多竹，卽取竹格之。沈思其理不得，遂遇疾。先生自委聖賢有分，乃隨世就辭章之學。

陽明晚年又曾舉這格竹故事來說明朱子格物說的困難。由於這故事太有名了，給人的印象好像陽明早年的格物就是格竹似的。事實上陽明早年主要是讀書，格竹只是一個特例罷了！然而這個特例却有豐富的涵義，所以陽明要特別提出，我們也須詳加分析。

格竹和讀書都是向外在之物找道理，讀書是傳統的、簡便的方法，然而却是間接的，因爲書上已載有作者找來的道理。我只是吸收而已。格竹則是親自直接的向外物找道理。陽明認爲「做聖賢要格天下之物」，格物的目的在於尋求「至理」。這至理可以解釋爲「宇宙最高的道理」，又可稱之爲「太極」。陽明雖想格盡天下之物，因爲沒有這麼大的力量，遂從眼前的竹子開始。根據朱子的說法，「太極只是天地萬物之理。在天地言，則天地中有太極。在萬物言，則萬物中各有太極。」（註九）當陽明無法格盡天下之物，他改採一個方便的方法，卽就眼前選一物來深入探尋。因爲太極只是一個，假如就一物而追尋到它最高的理，自然也是人的最高之理—聖賢之理。

陽明「思先儒謂衆物必有表裡精麁，一草一木，皆涵至理」，於是就竹子而追尋其中所涵的至理。衆物必有表裡精麁，物是表、麁，理是裡、精。就理來說，又可再分層次。結構之理，如文理、條理之類，是表、麁；太極之理則是裡、精。陽明所要追尋的「至理」，自然是最裡，最精的太極。陽明看着外在的竹子，想着其中最裡最精的太極之理是什麼。陽明和竹子之理間不知隔了幾千重，找不到一個接觸點，他當然會「沈思其理不得」而「勞思致疾」了。

以下繼續討論他「物理吾心判而爲二」的困難。年譜孝宗弘治十一年，先生二十七歲條記載着：

> 是年，先生談養生。先生自念辭章藝能不足以通至道，求師友于天下，又不數遇，心持惶惑。一日讀晦翁上宋光宗疏，有曰：「居敬持志，爲讀書之本；循序致精，爲讀書之法。」（註十）乃悔前日探討雖博，而未嘗循序以致精，宜無所得。又循其序，思得漸漬洽浹，然物理吾心，終若判而爲二也。沈鬱既久，舊疾復作，益委聖賢有分。偶聞道士談養生，遂有遺世入山之意。

陽明格竹的結果，是發覺他無法在天地萬物上找著至理。此時却連從書本上間接地求理也出了問題。書本記載着種種的事物與道理，陽明探討既博，自能懂得許多。但他格物的目的是懂得至理，做個聖賢，以此標準來衡量，他自覺隔閡尚深。他看到朱子的話，感到他失敗的關鍵在未嘗循序以致精。循序卽是依大學、論語、孟子、中庸的次序，去了解聖賢的規模、根本、發越、微妙等各個方面。（註十一）致精則是把這些道理理會得非常熟習透徹。使聖賢之意皆若出於吾心，聖賢之言皆若出於吾口，這就是「漸漬洽浹」。（註十二）這是朱子最重視的工夫。陽明現在從羣書挑揀出最精粹的聖賢之言，將其道理反覆至熟習透徹，希望由此而消除隔閡，湊泊上聖賢之境。但是他失望了，他覺得「物理吾心，終若判而爲二也」。

陽明的經驗顯示了一個非常深刻的問題。朱子的循序致精而漸漬洽浹之教是可行的，的確我們可以將聖賢道理熟習透徹。然而我們的目的是做個聖賢，是否我把聖賢之書讀得滾瓜爛熟，使我的想法就像聖賢的想法，我的言語就像聖賢的言語，以至於我的行事就像聖賢的行事，我因此就是聖賢了呢？很明顯的，答案是否定的。我只是學得聖賢道理的一套知識，我的想法言語行事再像聖賢，也只是做做。我若反求諸心，就知聖賢的這一套並不是內發的，我的心還是凡人之心，於是我非眞聖賢。這就是「物理吾心判而爲二」。這樣推起來，只能承認聖賢天生之說。聖賢須從心的內發上說，假如我天生是個聖賢，則我的想法言語行事自然是聖賢之所爲；假如我天生是個凡人，則我只能依樣畫葫蘆，而永遠不能成爲聖賢。於是陽明「益委聖賢有分」，而想遺世入山學養生。

以上敍述了陽明依朱子之教格物所遭遇的困難。今更引陽明晚年的一番話，以爲結論：

先生曰：先儒解格物爲格天下之物。天下之物，如何格得？且謂一草一木亦皆有理，今如何去格？縱格得草木來，如何反來誠得自家意？（傳習錄下第一一八節）

陽明舉出兩個不可能，第一，天下之物，一草一木之理，無法格得。這是他二十一歲時格竹無得的原因。第二，縱使格出道理（讀聖賢之書是撿現成道理，故可假定已格出道理），却和自己的心地不相干（無法誠意），這是他二十七歲時此心此理判而爲二的困惑。陽明晚年能斷言這種格物是歧途，但在早年，他只是自認不行，而改學養生。

第二節　出世與入世的抉擇

陽明在三十一歲的下半年曾經試驗了幾個月的出世生活。本節將敍述這種選擇的原因，對出世生活的體驗，及其最後的抉擇。

所謂出世與入世的抉擇，就是道教與儒家的分辨。陽明所處的環境使他自小就有和道士接觸的機會。陽明的先祖中，六世祖綱曾遇道士，而習得筮法。四世祖與準爲人筮，無不奇中。這是他家世背景中與道教的交涉。（註十三）此外就陽明少年時期而言，也屢有遭遇道士的機會。他所以會去學習，第一個原因是追尋至道的熱忱。陽明八歲卽好神仙之說，十七歲時在江西新婚。是日偶然閑行入鐵柱宮，遇道士趺坐。叩問之，得聞養生之說，竟然就與道士相對打坐，以至忘歸。三十歲時遊九華山，是處有道士蔡蓬頭善談仙，他再三致禮請問。聽說地藏洞有異人，坐臥松毛，不火食，則又歷巖險以訪求其道。（註十四）由這些經歷可見得他對道教神仙之說的熱忱。陽明天生是個有多方面興趣與才能的人，對道教神仙之說的喜好自是極易理解的。然而從年譜等資料看來，他學習神仙的願望遠超過了對文章才藝的愛好。學習聖賢與學習神仙同是他早年最爲著力之事。蓋學習神仙與學習聖賢同樣的象徵了他不能滿足於文章藝能上的表現（註十五），唯有人生至道的追求才是其深心所在。學習神仙只是從另一個方向去尋求人生至道罷了。

第二個原因是以養生之說調養疾病。上節所述陽明兩次格物都是以病倒做爲結束。陽明三十一歲那年的八月，告病歸越，才眞正實習導引之術。陽明蓋罹患肺病，亟需休養，此時道教養生之說自可發生極大的吸引力。（註十六）

第三個原因是經濟之志受到挫折。陽明少年即有用世之志，他對匡時救世的方略以及文學藝術的技藝，都富於興趣而認眞學習。到了三十一歲這年，或者因病，或者因官位卑微，而感到匡時之志不能實現。此志落空，便反省到自己人生的空虛。文學藝術也是疲弊精神的虛文，不足以爲補償，他遂轉而求諸修煉精神的道教了。陽明的好友湛甘泉說他「初溺於任俠之習，再溺於騎射之習，三溺於辭章之習，四溺於神仙之習」，（註十七）正是從入世轉到出世的過程。陽明在三十一歲這年作了篇九華山賦，（註十八）寫出他用世之志難酬，企圖逃世自全的心情。他的志願是犧牲小我來救濟顛連無告的蒼黎同胞，尤願能請纓闕下，出塞與胡兒較量，一雪王師奔勞之恥。但事實上他的位卑力微，所謂「顧力微而任重，懼覆敗於或遭。又出位以圖遠，將無誚於鷦鷯？」他的大志只能托諸空言而已。（註十九）既然不能暢遂平生之志，就退而求自我的全身保眞。人生的迫促，如風中之泡，既然不能與草木同其腐朽，又何必忌諱俗口的議論，而不敢求道於方外呢？

第四個原因是聖賢之志受到挫折。前面曾說到陽明與生俱來的志願與興趣，乃在對人生至道的追求。當他的格物以病倒做爲終結時，隨之而起的是遺世入山之願。此乃以神仙之道代替聖賢之道，多少有點改弦更張的補償意味。值得注意的是陽明的挫折感起於對自己能力的懷疑，並未因此而否定聖賢之道。他覺得「聖賢有分」，卽聖賢是天生的，自己只是因做不成而放棄了這條路，而不是就斷定了儒家道理是錯的。

這四個原因之中，第一個可以說是積極的尋求人生至道，至於後三個則是消極的，乃是他的人生遭到頓挫而走上的。

接着再敍述陽明實行道教生活的體驗。據年譜，陽明在三十一歲那年八月告病歸越，築室陽明洞中，行導引術。陽明後來練成一種先知的本領。有一天，友人王思輿等四人來訪，才出五雲門，陽明卽令僕人前往迎接，並且能道出他們來訪時所經由的道路。衆人皆驚異，以爲他是得道了。但陽明久久却領悟出：「此簸弄精神，非道也。」

陽明修練的功力與後來的覺悟，從他的才性來看，似是不足爲奇。陽明旣富於天才，當其投身於導引術時，自然可能得到相當的結果，然而這結果不能滿足他更深的要求，於是他不願意繼續發展下去，正如他有文章藝能的才力却不願繼續發展一樣。這裡所謂更深的要求是指對人生至道的追求。神仙雖非聖賢，仍是自有其道。陽明修神仙的動機是不甘與草木同腐，其理想的神仙之道是：「古有至人，淳德凝道，合於陰陽，調於四時，去世離俗，積精全神，遊行於天地之間，視聽八遠之外，若廣成子之千五百歲而不衰，李伯陽歷商周之代，西度函谷。」就是與天地之氣合而爲一，遂能不死而翺遊於天地之間。神仙之有無，無法用凡人有限的經驗來證實或否定。天地之間未嘗不會有生來就通於天地之氣的異人，或經由修練而臻此境的道人。但這和世俗所傳的秘術曲技是兩回事。陽明所實行的導引術只是後者，所謂：「若後世拔宅飛昇，點化投奪之類，譎怪奇駭，是乃秘術曲技，尹文子所謂幻，釋氏謂之外道者也。」（註二十）這套東西對成仙是沒有幫助的，所以說：「此簸弄精神，非道也。」

此路不通後，陽明又續有體驗，年譜敍述了他的習導引術後，接着又記載着：

已而靜久，思離世遠去，惟祖母岑與龍山公在念，因循未決。久之，又忽悟曰：此念生於孩提，此念可去，是斷滅種性矣！明年，遂移疾錢塘西湖，復思用世。往來南屏虎跑諸刹，有禪僧坐關三年，不語不視。先生喝之曰：這和尚終日口巴巴說什麼？終日眼睜睜看什麼？僧驚起，即開視對語。先生問其家，對曰：有母在。曰：起念否？對曰：不能不起。先生即指愛親本性諭之。僧涕泣謝。明日問之，僧已去矣！

陽明雖然屏去了道教的秘術曲技，然而這並不妨礙他的繼續追求出世生活。甚至可以說，要到這時才算走上出世的正途。這時的體驗與覺悟，其意義比起習導引術尤要深刻得多。以下試作分析。

陽明「已而靜久，思離世遠去」。似乎他想透過徹底的出世生活來湊泊上方外之道。陽明洞在他的家鄉，雖築室獨居，必然是常有和家人親朋相往來的機會，如此似乎有一種在家修行的意味。可能陽明想眞正的遺世獨處，如此而後有湊泊上至道的機會，不管這是神仙之道或佛教之道。若舉實例，則如到九華山化城寺出家，或傚法地藏洞異人，跑到人迹所不能至之處去獨自修煉參悟之類。

陽明思離世遠去，但由於思親之念割捨不斷，遂又回到入世之路。這是陽明入世出世抉擇的根本關鍵。從年譜的記載，從他的詩作，皆可考見陽明是個篤於孝親的人。十三歲時其母去世，他「居喪哭泣甚哀」。以後他一生遷徙，宦遊，轉戰，居靡定所，却始終思念他的祖母與父親。如他三十七歲在龍場有贈黃太守澍詩云：「維縈垂白念，旦夕懷歸圖。」（卷十九）冬至詩云：「料得重闈强健在，早看消息報牕梅。」四十八、九歲宸濠之亂時，又屢次上疏，乞求歸葬祖母與慰省父病，甚至想棄職逃歸。這種强烈的愛親之念成爲他抉擇入世的最大要素。

陽明在想離世遠去時，却放不下對祖母和父親的思念，思親之念是離世遠去之志的阻礙。因爲眞出世就須了斷對塵世的愛戀之心，這愛戀之心推到最後只是個愛根。「孩提之童，無不知愛其親也」，這愛根就是從孩提卽帶來的「愛親本性」。陽明此時遇到的是眞出世者必須面對的問題，這「愛親本性」能了斷才能不顧塵世，否則終會拖泥帶水不能眞正出世。陽明在面對此一關口時，突然有一覺悟。他可以放棄塵世的一切功名富貴，乃至經世濟民的宏願，但却感到無法割斷愛親本性。他忽悟到「愛親本性」是個不容否認的事實，再否認就不是人了，卽所謂「斷滅種性」。眞正不容否認的，則須加以接受承認。這是從深刻體驗中呈現的「事實」，不可謂「獨斷」。這個「事實」，應該視爲道的基礎。由是，人應該愛親，又應進而愛人。於是人和塵世有根本的聯繫。孔子所說的「鳥獸不可與同羣，吾非斯人之徒與而誰與」，就是這個意思。從愛親本性的肯定，可以證明出世生活的非是。於是神仙至道卽令可能，也不足爲貴，沒有尋求的價值了。他遂「復思用世」，且能指出禪僧坐關之非。（註二一）

陽明這時的入世精神是從對人性的認識發出來的，不像少年時的有志用世，不免夾雜了許多功名

的憧憬與英雄主義的色彩。這時的入世精神，則只爲了有民胞物與之心，這就是儒家精神。（註二二）

陽明知道出世之非，而堅定地走回入世之途，就是由道返儒的抉擇。經歷了這一場抉擇後，他一生再

沒有向道釋二家找出路，反而常指陳其非。

第三節　從「山東鄉試錄」看陽明對儒家的認識

陽明三十一歲時學神仙之術，思離世遠去。三十二歲時就返回儒家，復思用世。這時他對儒家的認識究竟到怎樣的程度？這是本節所要探討的。三十三歲時他主考山東鄉試，而有「山東鄉試錄」（註二三）之作，今取以爲探究的根據。

年譜三十三歲條總括山東鄉試錄的內容爲：「其策問國朝禮樂之制。老佛害道，由於聖學不明。綱紀不振，由於名器太濫，用人太急，求效太速。及分封清戎，禦夷息訟，皆有成法。錄出，人占先生經世之學。」以爲該文表現了陽明經世方面的見解。陽明少年卽有志用世，尤想立功塞外，其經世之見本是養之有素的。（註二四）但陽明此文的重要性不僅在其經世的見解，更在於其以經世精神判別儒家與佛老。於是此文能承接著三十一歲時出入世的抉擇，而確立了儒佛之辨的理論依據。

以下試述幾個代表性的意見。

第一，陽明闢佛老之非，以爲儒家有民胞物與之懷，參贊化育之道，而佛老之徒只是自了漢：

今夫吾夫子之道，始之於存養愼獨之微，而終之以化育參贊之大。行之於日用常行之間，而達之於國家天下之遠。

至於佛老，陽明說「佛氏吾不得而知矣」，而老子則：

其修身養性，以求合於道，初亦豈甚乖於夫子乎？獨其專於爲己，而無意於天下國家，然後與吾夫子之格致誠正而達之於修齊治平者之不同耳！是其爲心也，以爲吾仁矣，則天下之不仁，吾不知可也；吾義矣，則天下之不義，吾不知可也。居其實而去其名，斂其器而不示之用，置其心於都無較計之地，而亦不以天下之較計動於其心。

看上引兩段，可知陽明以爲儒家與老氏在修身養性以求合於道這點上是相同的，但其惻隱之懷所涵覆者則相去懸殊。儒者要「終之以化育參贊之大」，「達之於國家天下之遠」；老氏則「專於爲己，」而無意於天下國家」，視天下之不仁不義如無物，忽焉不加喜戚於其心。

第二，注意聖人的憂民之念。儒家以入世經世爲急，其動機在憂民的本懷。這種人性的關懷是陽明所强調的：

聖人各有憂民之念，而同其責任之心。…夫禹稷之心，其急於救民蓋如此。此其所以雖當治平之世，三過其門而不入也歟？雖然，急於救民者，固聖賢憂世之本心，而安於自守者，又君子持己之常道。是以顏子之不改其樂，而孟子以爲同道於禹稷者，誠以禹稷顏子莫非素其位而行耳！後世各狥一偏之見，而仕者以趨時爲通達，隱者以忘世爲高尙，此其所以進不能憂禹稷之憂，而退不能樂顏子之樂也歟？

陽明强調憂民之念，責任之心，此與愛親之念同是「種性」，陽明因爲肯定了這點，才斷然回到入世的路上。陽明以爲出仕是爲了憂民，不是趨時通達。顏子未遭時而用世，故素其位而行，不貶道以趨時，至於其憂民之念則同於禹稷。

以上兩點可謂是陽明一生所持的儒佛（老）之辨。據此，陽明青年時出世入世的困惑已有好的解決。我們試回看上節所述陽明選擇出世的原因，將見其驅動力皆不復存在。

陽明選擇出世的第一個原因是追尋至道的熱忱。於今則知至道斷然在儒家，斷然不在佛老。佛老專於爲己，其爲心已狹，不足與言至道。儒家有憂民之念，民胞物與之懷，且爲極眞切的「種性」，至道必在於此。

其次的原因是以養生之說調養疾病。陽明實行的經驗是養猶不養。「答人問神仙」云：「僕誠生八歲而卽好其說，今已餘三十年矣！齒漸搖動，髮已有一二莖變化成白，目光僅盈尺，聲聞函丈之外，又常經月臥病不出，藥量驟進，此殆其效也。」養生之效不過如此。

第三個原因是經濟之志受到頓挫。陽明在九華山賦中說，既不能暢遂平生之志，則退而求自我的全身保眞。現在則知養生非道，全身保眞是不可能的。而且經濟之志不必立基在英雄主義與功名憧憬，而是發自「種性」。假如不克用世，則當如顏子的素其位而行，只要有憂民之念，責任之心，就與禹稷同道。如此自無所謂頓挫。

最後一個原因是聖賢之志的挫折。陽明自委聖賢有分，而想求另一種人生至道。至此則覺得出世非道。怎樣做聖賢雖然還是問題，但不能走出世的路則是可以肯定的。於是我們可以看到，陽明作山東鄉試錄時，對出世入世卽儒佛（老）之辨的問題已完全得到解決。

山東鄉試錄完全回到儒家立場，亦卽回到他早年所從事的聖學。此時陽明又依朱子之教講格物窮理了，他說顏子之學爲先格物窮理，然後依理以行：

今夫天下之事，固有似禮而非禮者矣！亦有似非禮而實爲禮者矣！其纖悉毫釐至於不可勝計。使非盡格天下之物而盡窮天下之理，則其疑似幾微之間，孰能決然而無所惑哉？夫於所謂非禮者，旣有未辨，而斷然欲以之勿視聽言動，是亦告子之所謂不得於言而勿求於心耳！其何能克己復禮而爲仁哉？夫惟顏子博約之功，已盡於平日，而其明睿所照，旣已略無纖介之疑，故於事至物來，天理人欲，不待議疑，而已判然。然後行之勇決而無疑滯。此正所謂有至明以察其幾，有至健以致其決者也。

陽明提出博約之功，先盡格天下之物，盡窮天下之理，而後依理以誠其心。這完全是朱子的見解。陽明又說：

蓋簞瓢之樂，其要在於窮理，其功始於愼獨。能窮理，故能擇乎中庸，而復理以爲仁；能愼獨，故能克己，不貳過，而至於三月不違。蓋其人欲淨盡，天理流行，是以內省不疚，仰不愧，俯不怍，而心廣體胖，有不知其手舞足蹈者也。

陽明說格致工夫，兼窮理愼獨而言。窮理則能擇乎中庸，愼獨則能克己不貳過。愼獨是心上的行，而不只是外在的循理而行。但雖是注重心地，其工夫仍是本於客觀窮理，可謂一種細微的循理而行。

今再以陽明的見解來檢討他早年格物的疑難。當時他的疑難有兩個：一是天下之物，一草一木之理，無法格得；其次是雖知道理，却與自己不相干（無法誠意）。據山東鄉試錄所述，陽明又重新做格物窮理的工夫，且能有相當的成效。（註二五）但我們不能以其有成，便放過了早年的疑難。原來那疑難是依非常嚴格的標準而提出的。假如現在同樣嚴格地問這兩個問題，將見其仍舊難以答覆。首先，陽明說天下之事是否合禮，「使非盡格天下之物而盡窮天下之理，則其疑似幾微之間，孰能決然而無所惑哉？」雖然强調了窮理的重要，我們却還可以問什麼是理？我們憑什麼標準來衡量疑似幾微以決其惑呢？「盡格天下之物而盡窮天下之理」只是形式上的話，並未說出理到底是什麼。於是第一個疑難—天下之理無法格得—依然存在。其次，陽明主張能窮理又能愼獨，至於「人欲淨盡，天理流行」，這似乎已到「漸漬洽浹」之境。但是把克己建立在窮理與擇中庸之上，其根柢還是不免於仿傚成規，不能說我的心地卽聖賢心地。這樣看來，第二個疑難—雖知道理却與自己不相干—仍未徹底解決。

山東鄉試錄代表陽明在龍場之悟前對儒學的認識和造詣。次年，陽明三十四歲，在京師開始講學。年譜三十四歲條云：「是年，先生門人始進。學者溺於辭章記誦，不復知有身心之學。先生首倡言之，使人先立必爲聖人之志，聞者漸覺興起，有願執贄及門者。」陽明講身心之學，教人先立聖人之志，這是他繼山東鄉試錄這篇從心性上辨儒家與佛老的宣言後應該走上的行徑。但在走回儒學之道時，對朱子格物說的困惑應該還是隱伏於胸中，等待解決機緣的來臨。

總括的說，陽明早年爲學的歷程就是確定了聖人之志的歷程。雖然心性的徹悟與工夫理論的建立尙有待於來日，從青年時代的追尋上，我們已可見出其學問進展有幾個基本的動力。陽明勇於追尋至道，卽顯其實踐精神。甘泉謂其「初溺於任俠之習，再溺於騎射之習，三溺於辭章之習，四溺於神仙之習」，稱之爲溺，正描繪出全副精神投入其中的情狀。但陽明在沈溺之際，却時時反省自心滿足的程度。其辨認道與非道的標準，則在內心對之是否有眞切不可更易之感。實踐、內省、眞切之感，是其學進步的動力。此時雖然只確立了一個聖人之志，但是爾後學問的日躋於高明，仍是由於這幾個要素的推動。

陽明三十五歲時，武宗卽位，宦官劉瑾用事，殘害忠良。陽明因疏救戴銑而觸怒劉瑾，遂下詔獄，謫龍場驛驛丞。（註二六）他三十七歲時到龍場，經過患難的磨鍊，而促成了學問的成熟。他早年辛苦爲學歷程中所產生的問題，突然有了答案，這就是所謂的龍場之悟。

【附　註】

註一　墨憨齋（馮夢龍）王陽明先生出身靖亂錄（以下簡稱靖亂錄）一書，是以小說體裁作的陽明傳。然而所述皆據事實與傳聞，非任意渲染的演義可比。我曾與年譜對讀一過，發現其記載陽明用兵處幾與年譜全同，增添處察其語氣，乃因別有所本，而非作者的敷演。由此推之，其所載陽明早年軼事亦是當時有此傳聞，作者因重視陽明的「作用」遂取之。而年譜編者，因強調陽明的「醇」，遂略而不取。以下所載三則軼事，見該書卷上六～七頁。

註　二　島田虔次「朱子學と陽明學」一二二～一二三頁引用陽明戲爲戰陣與以鴞鳥諫後母二事。年譜十一歲條：「明年就塾師，先生豪邁不羈，龍山公常懷憂，惟竹軒公知之。」蓋卽戲爲戰陣之事，不過婉約其言而已。

註　三　杜維明「新儒家思想的實踐—王陽明的青年時代（一四七二—一五〇九）」（英文本）第九頁，謂雖毛奇齡等史家斥年譜爲傳奇，我們卻應重視其象徵啓發性。此言甚是。

註　四　靖亂錄卷上頁八。

註　五　年譜十八歲條：「先生接人故和易善謔。」靖亂錄的「諧謔豪放」更能表達其英氣。

註　六　靖亂錄卷上頁九下。

註　七　年譜十八歲條。

註　八　朱子語類卷一二〇第十七節：「士人在家，有甚大事，只是著衣喫飯，理會眼前事而已。其他天下事，聖賢都說十分盡了。今無他法，爲高必因丘陵，爲下必因川澤，自家只就他說話上寄搭些工夫，便都是我底。」

註　九　朱子語類卷一第一節。

註　十　朱子大全卷十四：甲寅行宮便殿奏劄二。

註一一　朱子語類卷十四第三節。

註一二　參看朱子語類卷十第五、九、五五、六八諸節。

註一三　參看張壹民：王性常先生傳；胡儼：遯石先生傳。二文皆收入王文成公全書（四部叢刊本，以下簡稱全書）卷三十七世德紀。

註十四　陽明青年時屢與道教接觸的情形，可參考年譜諸歲條下；柳存仁：王陽明與道教（陽明學論文集三〇六—三三〇頁）；朱秉義：王陽明對道禪的吸收與活用（華學月刊七十七期，三二—四二頁）。陽明自稱八歲卽好神仙之說，見「答人問神仙書」（全書卷二十一）。

註一五　年譜三十一歲八月條：「先是，五月復命，京中舊遊俱以才名相馳騁，學古詩文。先生歎曰：吾焉能以有限精神爲無用之虛文也？遂告病歸越。」頗能表達他對文章藝能馳逐的厭倦心情，大概文章之事既乏實用，又不能達至道，遂給他空虛之感。

註一六　陽明罹患肺病，是根據日本學者山本正一的研究。轉引自鄧元忠：王陽明聖學探討，二六—二七頁。

註一七　見全書卷三十七：陽明先生墓誌銘。

註一八　見全書卷十九。

註一九　年譜二十八歲條：「時有星變，朝廷下詔求言。及聞達虜猖獗，先生復命上邊務八事，言極剴切。」蓋在作九華山賦前三年。是時陽明初舉進士，用世之志方殷，但只能發揮成一紙奏疏而已。

註二〇　見「答人問神仙書」。

註二一　靖亂錄卷上十四頁下解釋「這和尚終日口巴巴說甚麽，終日眼睜睜看甚麽」，甚爲精采：「先生曰：汝旣不能不起念（思母），雖終日不言，心中已自說著，終日不視，心中自看著了。僧猛省合掌曰：檀越妙論，更望開示。先生曰：父母天性，豈能斷滅。你不能不起念，便是眞性發現。雖終日呆坐，徒亂心曲。俗語云：爹娘便是靈山佛，不敬爹娘敬甚人？言未畢，僧不覺大哭起來曰：檀越說得極是，小僧明早便歸家省吾老母。」

註二二　杜維明「新儒家思想的實踐」一書強調陽明由於親身體驗，而肯定儒家的倫理根源於人性，故不可有須臾之離。陽明的體驗爲古聖賢之陳言灌注了新生命。其說極値得參考。

註二三　見全書卷三十一下。

註二四　如二十八歲時作的「陳言邊務疏」，見全書卷九。

註二五　陽明在前引文之下，繼云：「學顏子之學也，然後能知顏子之學。生亦何能與於此哉？顧其平日亦在所不敢自暴自棄，而心融神會之餘，似亦微有所見。」可見得他實際從事格物窮理的狀況。

註二六　參看年譜三十五歲條。

第二章 心即理說

第一節 龍場之悟的意義

年譜正德三年戊辰，先生三十七歲條云：

> 先生始悟格物致知。龍場在貴州西北萬山叢棘中，蛇虺魍魎蠱毒瘴癘與居。夷人鴃舌難語，可通語者皆中土亡命。舊無居，始敎之範土架木以居。時瑾憾未已，自計得失榮辱皆能超脫，惟生死一念，尚覺未化，乃爲石槨自誓曰：吾惟俟命而已。日夜端居澄默，以求靜一。久之，胸中灑灑。而從者皆病，自析薪取水，作糜飼之。又恐其懷抑鬱，則與歌詩。又不悅，復調越曲，雜以詼笑，始能忘其爲疾病夷狄患難也。因念聖人處此更有何道。忽中夜大悟格物致知之旨，寤寐中若有人語之者。不覺呼躍，從者皆驚。始知聖人之道，吾性自足，向之求理於事物者誤也。乃以默記五經之言證之，莫不脗合，因著五經億說。（年譜一）

這是關於龍場之悟的記載，本節將試着分析其意義。龍場是個絕境，陽明經世濟民之志到此全成泡影，他因此而能反求諸己，在內聖之學上突進至一新境。陽明的用世之志本出於儒者憂民的本懷，非爲一己的趨進通達，所以雖在困厄，而「得失榮辱皆能超脫」。這時更深更大的考驗是生死問題。龍場是夷狄瘴癘之鄉，陽明竄逐至此，不但起復的機會遙遙無期，甚至有葬身於此的可能。一方面是因爲瘴癘與鬱抑的內外交侵，陽明有一篇瘞旅文（全書卷二十五）祭赴任而死於道路的父子僕三人，其中有云：「與爾皆鄉土之離兮！蠻之人言語不相知兮！性命不可期。」「道旁之冢累累兮！多中土之流離兮！」由此可想見當時人命危淺的情況。另一方面則劉瑾還懷恨着他，可能會派遣刺客來暗算。陽明此時才眞正體驗到自己在生死關頭上。

陽明却要超越生死一念，而做了一個石棺，坐在裡面以求靜一。（註一）他終於能超脫生死之念，而感到胸中灑灑。陽明做這超越生死之念工夫的意義，在於克服了一個最根本的人欲——貪生怕死。

宋儒常說「存天理去人欲」，所謂「人欲」，或者可以粗略地解釋做「欲有所得的私心」。貪得與循理正是相反，故存天理卽須去人欲。陽明在山東鄉試錄中說顏子由窮理而愼獨而臻「人欲淨盡，天理流行」之境，又論聖人之境爲「純於義理，而無人欲之私，其體卽天地之體，其心卽天地之心，其所以爲之者，莫非天地之所爲也。故曰：循理卽與天爲一。」陽明當時雖已見及，但其實地用功要到龍場時才鞭辟入裡。龍場是個逆境，陽明所擁有的一切都被剝奪淨盡，甚至生命都沒有了保障。在這種地方，私欲只會招來痛苦，「去人欲」是唯一超脫環境束縛之道。惡劣的環境是這樣逼着陽明在道德上用功。「得失榮辱」的計較是粗淺的人欲，對陽明本不成問題，但他還有生死一念未化。貪生怕死是人的本能，但仍不免爲「欲有所得的私心」。人當順境時，對生死問題不易有深刻的體認。但在龍場，人却須面對此關。生死之念未化，心就有所繫累，不能免於憂懼戚惶，而無法做到循理而行。唯有消化了根本的欲望——貪生怕死，才能恢復心情的寧靜平安。克服了生死之念，正是工夫的深入精微處。

當他能消化生死一念，感到胸中灑灑之時，其工夫所造之境，以他在山東鄉試錄所說的「純於義理，而無人欲之私，其體卽天地之體，其心卽天地之心」來相衡，已可當之無愧，此時所差的一步只是覺悟。

他能夠「人欲淨盡，天理流行」，但他還要照顧隨從的疾病，還是有許多事情要牽掛，換言之，他仍舊生活在這一籌莫展的現實世界中，他因此想到聖人處此更有何道，而忽然中夜大悟格物致知之旨。他「始知聖人之道，吾性自足，向之求理於事物者誤也」。

陽明所悟得的內容非常簡單，只是知道了聖人之道是我本來有的，不必從外學來。（註二）陽明晚年居越時有「次謙之韻」一詩，（全書卷二十）其中兩聯云：

須從根本求生死，莫向支流辨濁清。久奈世儒橫臆說，競搜物理外人情。

這兩聯表現陽明一生爲學的精神，移用於此，未爲不當。「須從根本求生死，莫向支流辨濁清」，下句易解，乃指在枝微末節上辨別天理人欲而言。推到前句，陽明以爲更重要的是須從根本上求得生死之道。生死之道，是天理人欲之辨最根本之處。此處能夠有得，則「支流辨濁清」是順而易行的。陽明在龍場能克去生死之念，就是辨天理人欲到了最根本的地步。不爲生死之念所繫着怖畏，這是沒有私欲的生，也便是「根本的生道」。這是陽明在龍場已造之境。次論「久奈世儒橫臆說，競搜物理外人情」，這是批評格物窮理舊說的。此處所要特別提出的是物理人情之辨。陽明認爲道不須在外面的物中尋找，道只在人情上。然而此須配合着天理人欲之辨來看。假如我們能連生死之念都化去，心地乾乾淨淨不著一毫私欲繫累，我們還須生活在世間，依舊有人人皆有的情感，事爲，就連好生惡死之念也是人人所該有的。陽明突然悟到的可能是，所謂聖人須就心地上說，而不就外在表現上說。我這完全潔淨的心就是聖人之心了。雖然對現實世界一籌莫展，然而我對隨從的疾病有眞實的同情，並且發之爲照顧安慰的行爲。這眞實的人情與行爲，卽是聖人之道。推而言之，世間人人皆有可以潔淨的聖人之心；世人的好惡情感事爲若能潔淨，便也是聖人之道。於是可以說：「聖人之道，吾性自足，向之求理於事物者誤也。」

陽明在龍場之悟後，以默記五經之言證之，而作五經億說，今尚存十三條。（見全書卷二十六）這是解釋龍場之悟的好材料，試引述幾條於下。

天地感而萬物化生，實理流行也。聖人感人心而天下和平，至誠發見也。皆所謂貞也。觀天地交感之理，聖人感人心之道，不過於一貞，而萬物生，天下和平焉，則天地萬物之情可見矣！天地聖人之道固然是無得而逾焉，但當其以實理至誠來感動人心萬物時，人心萬物都能受其感動，由此可推見天地萬物之情，卽是人心必有聖人的至誠，萬物必有天地的實理，才能相感無礙。

貞卽常久之道也，天地之道，亦惟常久而不已耳！……夫天地日月四時聖人之所以能常久而不已者，亦貞而已耳！觀夫天地日月四時聖人之所以能常久而不已者，不外乎一貞，則天地萬物之情，其亦不外乎一貞也，亦可見矣！……君子體夫雷風爲恒之象，則雖酬酢萬變，妙用無方，而其所立必有卓然而不可易之體。是乃體常盡變，非天地之至恒其孰能與於此？

貞卽前條所說的實理流行，至誠發現，再加上一個常久而不已的意思。這是聖人之心，也卽是我心而無私欲繫累者。「雖酬酢萬變，妙用無方，而其所立必有卓然而不易之體。是乃體常盡變」。此語落實的說，就是人還在世間生活，在生活上的好惡、情感、事爲之中可以發現聖人之道。好惡情感事爲不卽是聖人之道，好惡情感事爲之得其正者（所謂卓然而不可易之體）卽是聖人之道。

元年春王正月……元也者，在天爲生物之仁，而在人則爲心。心生而有者也，曷爲爲君而始乎？曰：心生而有者也。未爲君，而其用止於一身；旣爲君，而其用關於一國，故元年者，人君爲國之始也。當是時也，群臣百姓，悉意明目以觀維新之始。則人君者尤當洗心滌慮，以爲維新之始。故元年者，人君正心之始也。

天地生物之仁和人心是相同的。人人皆是如此，不待聖人而後有仁。但爲國是人君的開始，人君的心還須洗滌一番，以發政施仁，接上天地生物之仁。由此可見人心卽天地聖人之心，但須有洗滌私欲的工夫。

心之德本無不明也，故謂之明德。有時而不明者，蔽於私也。去其私，無不明矣！日之出地，日自出也，天無與焉！君子之明明德，自明之也，人無所與焉！自昭也者，自去其私欲之蔽而已。

這段話完全講心地工夫。心之德本無不明，就是人人之心皆聖人之心。但有私欲之蔽，所以遠於聖人。君子則須做自去私欲之蔽的工夫，以復於聖人。

根據上引，我們知道陽明以五經之言來證明「聖人之道，吾性自足」之悟見。由此悟見而建立的工夫論，卽是「自去其私欲之蔽」，以恢復本來的明德。

陽明這個悟見實在能解決早年格物的疑難。早年格物，求理於物而不可得，此心此理亦難融會，於是他歎息「聖賢有分」，聖賢只能是天生的，不能學得。當他歷經出世入世的矛盾，而重返儒家後，雖然又以身心之學教人，使立必爲聖人之志，但早年的問題畢竟還未解決。然而此時，一悟到「聖人之道，吾性自足」，以前的疑難頓時煙消雲散。原來人人天生都是聖賢，便沒有所謂分定而學不來的道理。早年的疑難實出於未見及此，於是影響到工夫的錯誤。既然聖賢之道吾性自足，工夫卽須改弦更張。本身旣是聖賢，只須在心地上做工夫，恢復本然的明德，便一了百了，又何必去求理於外？又何來此心此理爲二之惑呢？「聖人之道，吾性自足」之見，年譜謂爲「始悟格物致知」，蓋卽針對朱子舊說而言，所謂「向之求理於事物者誤也」。如今則以爲格物致知是心地工夫，故說：「及在夷中三年，頗見得此意思，乃知天下之物，本無可格者，其格物之功，只在身心上做，決然以聖人爲人人可到，便自有擔當了。」

龍場之悟是陽明學問的轉捩點，但這麼重要的悟見還是從其學問的幾個基本動力——實踐、反省、眞切之感——而來的，先有出生入死的工夫，徹底磨鍊到「人欲淨盡，天理流行」之境，始能有悟到「聖人之道，吾性自足」，他對此確有眞切的自信，始能豁然以解十餘年之惑。

「聖人之道，吾性自足」，將此語進一步推說，卽可建立「心卽理」的理論。此論是陽明與朱子最根本的區別，據此而後朱王工夫的不同才可得而言。下節要討論「心卽理」之義，並將用朱子的見解來比較申說。

第二節　心外無物、心外無理、心理爲一

「聖人之道，吾性自足」，有「我的心卽聖人之心」的意思。提高到理論的層次，就是「心卽理」說。理指天理或至善而言。

愛問：至善只求諸心，恐於天下事理有不能盡。先生曰：心卽理也。天下又有心外之事，心外之理乎？（傳習錄上、第三節）

傳習錄上徐愛錄，其跋云：「愛因舊說汨沒，始聞先生之敎，實是駭愕不定，無入頭處。」（傳習錄上、第十五節）所謂舊說應該是指朱子的講法，徐愛諸問實在就是照朱子意思而提出的。至善只求諸心就是陽明的心卽理說，也就是天下之物本無可格者的意思。徐愛於是問，那麼天下事事物物的理怎

麼辦？是否就丟棄不窮格了？陽明於此下一轉語，說天下的事、理都是屬於心的，於是求諸心會遺天下事理的疑難可得解決。

天下事理的意思，就是天下事物及其中的理。要先說明心外無事，才可以說明心外無理。先說心外無事。

朱子格物說所指的物是無所不包，從最切近的「心之爲物」到最遙遠的「天地之運、古今之變」、「一塵之微、一息之頃」都包括在內。（註三）但陽明說物則指「事」而言。

愛昨曉思，格物的物字卽是事字，皆從心上說。先生曰：然。……意之所在便是物。如意在於事親，卽事親便是一物；意在於事君，卽事君便是一物；意在於仁民愛物，卽仁民愛物便是一物；意在於視聽言動，卽視聽言動便是一物。所以某說無心外之理，無心外之物。（傳習錄上、第六節）

「物」要從心上說，或有隔礙；但「事」是人事的意思，凡是人事，都是由於人先有些意念而後才做出來的。意念是心之所發，因此「事」可以「皆從心上說」。

心外無物，如吾心發一念孝親，卽孝親便是物。（傳習錄上、第七十一節）

這裡的物也是事的意思。吾心發動然後有孝親之念，有孝親之念才做得孝親之事。孝親之事屬於心，所以說心外無物。（註四）

陽明所謂物指人事而言，就陽明自己所舉的例子來說，有事親、事君、仁民愛物、視聽言動等。

再引一段來看：

澄嘗問象山在人情事變上做工夫之說。先生曰：除了人情事變，則無事矣！喜怒哀樂，非人情乎？自視聽言動，以至富貴貧賤、患難死生，皆事變也。（傳習錄上、第四十節）

喜怒哀樂、富貴貧賤、患難死生也是物，但其性質却和事親等稍有不同，所以我們需要把物再做個分類。

㈠事親、事君、仁民愛物、視聽言動等，是行爲的意思。先由我的心發動，有了這種意念，而後做出來的。

㈡富貴貧賤、患難死生等，只是我的遭遇。不是由於我的意念而造成，也不會因我的意念而改變。

㈢喜怒哀樂等，是我心發動，可以說是意念，但並不會像事親般的表現爲外在可見的事。

我們舉出了三類的物，都可以包括在「心外無物」的意義內，但對「意之所在爲物」一語則須有新的體認。第一類的物是行爲的意思，先有意念而後做出來的，可謂完全屬於我心。但就第二類來說，我對這些遭遇有一種態度，要藉着它來做修養工夫，於是這些遭遇可以說是我的意念所在，「意之所在爲物」一語也可以成立。但不可否認的，物有相當的獨立性、客觀性。就第三類來說，喜怒哀樂是物，但非外在可見的，於是意念與物之間的界限變得模糊，似乎意就是物，不待表現於外。（註五）

以上三類的性質不同，但都是人事，都是陽明所謂的物，而不在心外。

從心外無物進一步推說，就是心外無理。前面曾引徐愛問至善只求諸心，恐於天下事理有不能盡一段，陽明答以心外無事心外無理後，接着又有一番問答：

愛曰：如事父之孝、事君之忠、交友之信、治民之仁，其間有許多理在，恐亦不可不察。先生歎曰：此說之蔽久矣！豈一語所能悟。今姑就所問者言之，且如事父，不成去父上求個孝的理。事君，不成去君上求個忠的理。交友治民，不成去友上民上求個信與仁的理。都只在此心。（傳習錄上、第三節）

事父事君是從心發出來的行爲，於是孝的理、忠的理也都只在此心。事父事君是第一類的物，其理自然都只在此心。假如我們推廣到第二三類的物來看，是否還可說理在此心呢？

第二類的物雖也是人事，但多屬遭遇一類，對我有相當的外在性、獨立性。但陽明所說的却是指我面對這些遭遇時，我內心中的理。譬如他說：

要此心純是天理，須就理之發見處用功。如發見於事親時，就在事親上學存此天理。發現於事君時，就在事君上學存此天理。發見於處富貴貧賤時，就在處富貴貧賤上學存此天理。發見於處患難夷狄時，就在處患難夷狄上學存此天理。（傳習錄上、第九節）

富貴貧賤、患難死生有外在獨立的意義。但這裡爲了談理，就加上一個「處」字，將其轉成從我發出來的事，遂可以與事親等事並舉。從這裡，我們可看出陽明所謂理實是指我處事時內心所持的天理，不是指事物外在、獨立一邊的理。

就第三類來說，喜怒哀樂是心之動，是意念，因此可以說是還沒有表現於外的物。它的理在那裡呢？

澄在鴻臚寺倉居，忽家信至，言兒病危。澄心甚憂悶不能堪。先生曰：此時正宜用功。若此時放過，閒時講學何用？人正要在此等時磨鍊。父之愛子，自是至情，然天理亦自有箇中和處，過卽是私意。人於此處，多認做天理當憂，則一向憂苦，不知已，是有所憂患，不得其正。大抵七情所感，多只是過，少不及者。才過，便非心之本體，必須調停適中始得。就如父母之喪，人子豈不欲一哭便死，方快於心，然却曰毀不滅性，非聖人強制之也。天理本體，自有分限，不可過也。人但要識得心體，自然增減分毫不得。（傳習錄上、第四十七節）

陽明常說事上磨鍊的話，這裡就是一個好例子。「兒病危」是陸澄的遭遇，是第二類的物。陽明勸他不要太難過，是敎他在心上求處事之理，這是遇第二類的物時心外無理的好例子。另外，這裡的「憂悶」應該也算是一種物。象山敎人在人情事變做工夫，憂悶是人情，也是做工夫之地，於是也可視之爲一物。這一物的理就是情感發動而能自然恰好，這須要心自己的調停適中。從人的工夫上說，則須要認識到此心本來自有的中和。於是這個理只能在心裡面求。

以上舉出了三類的物，並討論其中「理」的意義，由此而可以得到「心外無理」的結論。

現在我們進一步討論「心理爲一」，以見「心卽理」說的究竟。上文所說的「心外無理」，尚非究竟。若再說的透徹，就第一類的物而言，孝心、忠心、仁民愛物心就是孝之理、忠之理、仁民愛物之理。就第二類的物而言，富貴而好禮之心，貧賤而能樂之心，出入患難死生而能自得之心，卽是處富貴貧賤、患難死生之理。就第三類的物而言，中節而和的心，就是喜怒哀樂之理。蓋只要無私欲之蔽，則心與理更無分別了。

陽明以爲心卽理說大有別於朱子以來的舊見。今試將兩人對心理關係的看法分別異同，來說明陽明的創見何在。

朱子極注意心與理的密切關係，然而二者還是有清楚的界限。朱子說：

性便是心之所有之理，心便是理之所會之地。（語類卷五、四十七節）

性是理，心是包含該載敷施發用底。（語類卷五、四十八節）

原來朱子講心與理的關係，有自己的一套理氣論爲根據。性是心的理，心則是氣，包含承載著理，且爲理發用的憑藉。但理和氣或理和心之間的界限是很清楚的。朱子說：

所知覺者是理，理不離知覺，知覺不離理。（語類卷五、二十五節）

所覺者心之理也，能覺者氣之靈也。（語類卷五、二十七節）

朱子認爲心是氣，是能覺者。「理不離知覺，知覺不離理」，正說明了二者密切不可分的關係。心有知覺，所以能爲理的包含該載敷施發用者。二者密切的結合在一起，但能知覺與所知覺畢竟是二箇。他又說：「靈底是心，實底是性」（語類卷十六、五十一節），靈底與實底正可密切的結合在一起，但其有區別是很顯然的。

以下引陽明批評朱子心理關係的一段文字於下。這段話雖發於晚年，却可看作他中年以來一貫持有的想法。

晦菴謂：「人之所以爲學者，心與理而已。心雖主乎一身，而實管乎天下之理；理雖散在萬事，而實不外乎人之一心。」是其一分一合之間，而未免已啟學者心理爲二之弊。（傳習錄中、答顧東橋書）

朱子說出心與理的密切關係，但陽明說他啟後世學者心理爲二之弊。陽明說得是客氣話，明白的說就是朱子以心理爲二。再引一段話來看：

或問晦菴先生曰：人之所以爲學者，心與理而已。此語如何？曰：心卽性，性卽理，下一與字，恐未免爲二。此在學者善觀之。（傳習錄上、第三十六節）

這裡更明白的說出朱子是以心理爲二。至於陽明自己的主張，自然是心理爲一，「此心無私欲之蔽卽是天理」了。（註六）

朱子以心理爲二，陽明以心理爲一，其所以不同的關鍵在於對理的了解有異。程子謂「在物爲理」，物既無限，則理亦無限。於是朱子所謂的物，卽包括了宇宙界、人文界、心理界的一切存在，而自然現象的規律、人事演變的法則、形而上之理，以至應遵行的道德等都是理。理的範圍既大，性質又雜，於是論及心和理的關係之時，自然會以心爲認識能力、理爲認識對象了。既有能所之分，自然會以心理爲二。但是陽明則限定物是「人事」，理是屬於我這邊的道德之理，所以能很明確的說「心外無事、心外無理」。又更進一步指出道德之理不是認識的對象，只是此心無私欲之蔽的狀態，所以說心理爲一。

陽明心理爲一的說法其實是從朱子之說推進一步而得，今試再稍作分析以明之。

宋明理學在儒家思想中，主要發揮內聖之學的一面，其發展方向也是向純粹的道德實踐而趨。（註七）朱子所謂的理，雖然範圍大、性質雜，然而他所以要強調心與理的關係，最主要的目的還在成就道德。程子說「在物爲理，處物爲義」，朱子承其教，他強調心要認識理，就是爲了能進而「處物爲義」。（註八）於是朱子有精義之說：

精義二字，聞諸長者，所謂義者，宜而已矣！物之有宜有不宜，事之有可有不可，吾心處之，知其各有定分而不可易，所謂義也。精義者，精諸此而已矣！所謂精云者，猶曰察之云爾。精之之至，而入於神，則於事物所宜，毫釐委曲之間，無所不悉，有不可容言之妙矣！此所以致用而用無不利也。（朱子大全卷三十八答江元適）

朱子所謂格物窮理，是要使「事物所宜，毫釐委曲之間，無所不悉」，以便我們的行爲能「致用而用無不利」，卽是所謂的精義。精義兼括了物我兩邊，所謂「物之有宜有不宜，事之有可有不可」是物的一邊；所謂「吾心處之知其各有定分而不可易者」，是我的一邊。朱子以爲，知道了物的一邊，則我的一邊應如何行爲便了然了。於是心能知理，是道德實踐的前提。

朱子所謂理，因爲範圍廣、性質雜，於是論心與理的關係都是就認識而言，其中也包括了道德之理。陽明心卽理說的意義，在發覺了道德之理不可就認識上說，故亦不可以心理爲相對。朱子在事物上求道德之理，就是格物以認識「物之有宜有不宜，事之有可有不可」，如果有此認識，自然有助於道德實踐。然而單從事物上研究，是不可能認識到事物的「宜與不宜，可與不可」，所能認識的只是「物爲如此或如彼」一類的實然之理。研究外物，既然不能認識「宜與不宜，可與不可」的應然之理，我們若欲處外物而合道德，所謂「吾心處之知其各有定分而不可易者」，實在只能依賴我心本來的道德。我心先是道德的，才能處外物而合道德，且又能從應然觀點判斷外物，而知道「物之有宜有不宜，事之有可有不可」。道德之理不可外求而得，只是道德之心而已。事物上的應然之理，則是道德之心的發用，這便是心卽理說。（註九）

陽明說：「心卽理也，此心無私欲之蔽，卽是天理。」（傳習錄上第三節）意謂心只要沒有私欲之蔽，就是天理；此時就可以稱這心做理，心與理便無分別，在心之內外便沒有一個獨立存在可以稱之爲理的東西。若認淸了陽明是專就道德而言，則將豁然無疑。

此外還有一個問題，就是事事有理，而心只有一個，一個心怎能是許多理呢？在朱子，心理爲二，一個心可以包含該載敷施發用許許多多的理，一多之間並不成問題。在陽明則心與個別特殊的理的關係，須要有另一種解釋。陽明的說法是，心會發動而爲意爲事，發動的心相對於原來的心而言，可以說是個別的特殊的心。這個別的特殊的心就是個別的特殊的理。譬如他說：

以此純乎天理之心，發之事父便是孝，發之事君便是忠，發之交友治民，便是信與仁。（傳習錄上、第三節）

故有孝親之心，卽有孝之理，無孝親之心，卽無孝之理矣！有忠君之心，卽有忠之理，無忠君之心，卽無忠之理矣！理豈外於吾心邪？……心一而已，以其全體惻怛而言，謂之仁；以其得宜而言，謂之義；以其條理而言，謂之理。不可外心以求仁，不可外心以求義，獨可外心以求理乎？（傳習錄中、答顧東橋書）

照朱子的說法，心包含該載了孝忠信仁諸理，而在遇到父君友民時，這些理就敷施發用出來。但照陽明的說法，心只是一個天理，並不包含這些特殊的個別的理，心發動了以後才有這些理。譬如孝，必須這心發動要去事父，這個孝親之心能夠很純粹，沒有私欲之蔽，就可以稱之爲孝之理，此時是整個心發動而爲孝之理，於是心理還是爲一。

我們試再引一條可以和朱子比較的話來討論：

虛靈不昧，衆理具而萬事出，心外無理，心外無事。（傳習錄上、三十五節）

此節之用語和朱子「心者人之神明，所以具衆理而應萬事」，「虛靈不昧，以具衆理而應萬事」（註十）之言相似，可以並觀。朱子的意思還是前面曾說的心是理的包含該載敷施發用者的一套，但在陽明，則心只是虛靈不昧，所謂衆理萬事是發用以後才能講的。陽明在這裡用「衆理具」三字，很容易使人認爲他和朱子同一意思，我們須從前引「有孝親之心卽有孝之理」的話來爲他們區別。大概陽明認爲心會發動而有理，如果說心先含蘊這些未曾表現的理，也沒什麼不妥；但我們要認清陽明的這「含蘊」和朱子所謂的「包含該載」是不同的。陽明曾答學生問程子「冲漠無朕，而萬象森然已具」之言，說：「是說本自好，只不善看，亦便有病痛。」（註十一）程子的話和「虛靈不昧而衆理具」是差不多的意思，陽明教人善看，就是不要以爲萬象森然是眞有具體的象先在裡面了。對於「衆理具」，我們也要善看才好。

了解心理爲一之義後，陽明許多討論心與性，人心與道心的話都可得解。玆再述之於下。

先討論心與性的關係。這裡首先引一段話於下：

澄問仁義禮智之名因已發而有？曰：然。他日，澄曰：惻隱羞惡辭讓是非，是性之表德邪？曰：仁義禮智也是表德。性一而已，自其形體也謂之天，主宰也謂之帝，流行也謂之命，賦於人也謂之性，主於身也謂之心。心之發也，遇父便謂之孝，遇君便謂之忠，自此以往，名至於無窮，只一性而已。猶人一而已，對父謂之子，對子謂之父，自此以往，至於無窮，只一人而已。人只要在性上用功，看得一性字分明，卽萬理燦然。（傳習錄上、第四十一節）

這裡說仁義禮智之名因已發而有，正可印證前文「心發動了以後才有個別特殊的理」的說法。這段話更進一步告訴我們的，是天帝命性心是同一個東西，只是從不同角度看而命之以不同的名稱罷了。拿性心來說，從人所稟賦的一面看稱爲性，從此身的主宰一面來看是心，是一物的兩名，正如心與理是一物的兩名一樣。心之發而有各種理，各種理是心的表現，就可以換言爲「性之表德」；而心在遇父遇君時的各種發動，也可總括之爲「只一性而已」。心性是同一的，「人只要在性上用功，看得一性字分明，卽萬理燦然」，這兩個性字其實就是心字，只因和萬理對說，而「性卽理也」是伊川以來的舊話，才用得兩個「性」字。另外，此句話又有一個涵義，就是說只要在心上用功，萬理就自然會明白，不必去學朱子的窮理工夫，這是陽明龍場之悟以後的新看法。

我們再引陽明對孟子盡心知性一章的解釋來和朱子比較。

愛問：盡心知性何以爲生知安行？先生曰：性是心之體，天是性之原，盡心卽是盡性。惟天下至誠爲能盡其性，知天地之化育。……知天如知州知縣之知，是自己分上事，已與天爲一。（傳習錄上、第六節）

此章朱子注爲：

心者，人之神明，所以具衆理而應萬事者也。性則心之所具之理，而天又理之所從以出者也。人有是心，莫非全體，然不窮理，則有所蔽而無以盡乎此心之量。（孟子集注卷十三）

朱子以爲理在人則爲性。心具衆理而應萬事，心與理是涵蘊的關係，是兩個。窮理就是心知之靈將其本身所涵蘊的理一一都知曉了，這樣就盡了此心之量。但如此只是盡知了性，心仍然不是性。但陽明的看法則不然。他說：「性是心之體」，此語猶言「性是無私欲之蔽的心」，性和心是一個，所以說「盡心卽是盡性」。盡心就是使心成爲至誠的，這時心卽是性，卽是天，並不只是知曉而已。所以陽明解知字爲「如知州知縣之知，是自己分上事，已與天爲一」。

我們繼續看陽明對人心道心關係的討論：

愛問：道心常爲一身之主，而人心每聽命，以先生精一之訓推之，此語似有弊。先生曰：然。

心一也，未雜於人，謂之道心；雜以人僞，謂之人心。人心之得其正者卽道心，道心之失其正者卽人心，初非有二心也。程子謂人心卽人欲，道心卽天理，語若分析，而意實得之。今曰道心爲主，而人心聽命，是二心也。天理人欲不並立，安有天理爲主，人欲又從而聽命者？（傳習錄上、第十節）

徐愛和陽明所批評的是朱子的說法，見其所作「中庸章句序」（朱子大全卷七十六）陽明的說法仍然和前面論心與理、心與性是相貫的，就是人只有這個心，當其無私欲之蔽時就稱之爲理爲性，在這裡則稱之爲道心。道心人心是同一個，差別只在其是否有私欲之蔽而已。

心卽理說是陽明「聖人之道吾性自足」之悟在理論上的陳述。今再根據這理論回頭解決他早年做朱子格物工夫所生的疑難。就二十一歲時的格竹來說，我與竹子是互相外在的，我沈思竹子之理而不可得。如今我知不必在竹子上求理，而要在我的心上求理，反求諸己則必然可得。就二十七歲讀書的問題而言，如今我知「心卽理」，自然不再有「物理吾心終若判而爲二也」的困惑。

心卽理說不只是理論。由於我們知道要在心上求理，就帶來進一步的實踐的工夫。

諸君要識得我立言宗旨。我如今說個心卽理是如何？只爲世人分心與理爲二，故便有許多病痛。如五伯攘夷狄、尊周室，都是一個私心，便不當理。人却說他做得當理，只心有未純。往往悅慕其所爲，要來外面做得好看，却與心全不相干。分心與理爲二，其流至于伯道之僞而不自知。故我說個心卽理，要使知心理是一個，便來心上做工夫，不去襲義於外，便是王道之眞。此我

立言宗旨。（傳習錄上、第一百二十二節）

陽明說心卽理的宗旨，是爲教人在心上做工夫。沒有私心才能當理。一有私心，雖然外面做得好看，只是襲義於外，伯道之僞。於是陽明提出心卽理後，接着就要講實踐工夫，此卽是知行合一的工夫。

第三節　理的內涵

陽明在龍場經歷了死生患難的鍛鍊，而悟得「聖人之道，吾性自足」。這是從最深刻的內省與最根源的克己工夫而得來的。他說「心卽理」，則是把他的悟見用理學術語做一番陳述。這理字有非常豐富的涵蘊，簡單的說是指和人欲相對的至善，從各種不同角度來說，可以換言爲天、帝、命、性、道心。本節將再從性質的方面來發揮理的涵蘊。

首先說理是知（良知）。

（先生）又曰：知是心之本體。心自然會知，見父自然知孝，見兄自然知弟，見孺子入井自然知惻隱。此便是良知，不假外求。若良知之發，更無私意障礙，卽所謂充其惻隱之心，而仁不可勝用矣！（傳習錄上第八節）

陽明這裡說個「知」，「知是心之本體」就是「心自然會知」的意思。朱子以氣說心時，心有能知的涵義在，如前面曾引過的「人心之靈莫不有知」、「靈底是心」、「能覺者氣之靈也」皆可見。因此，陽明說知是心之本體乃是承襲宋代以來論心的一般觀念。

惟乾問知如何是心之本體？先生曰：知是理之靈處，就其主宰處說便謂之心，就其稟賦處說便謂之性。孩提之童，無不知愛其親，無不知敬其兄，只是這個靈能不爲私欲遮隔，充拓得盡，便完全是他本體，便與天地合德。（傳習錄上、一百二十一節）

這段話與前面一段大致相似，但更淸楚的指出「知是理之靈處」。知、理、心、性是一個，只是從各個角度來說，遂有不同的名稱。心自然會知，則本心自然有良知。假如心裡沒有私意遮蔽間隔，良知自然會很順暢的充拓出來。陽明說「知是心之本體」、「知是理之靈處」，可以表明理是活動的，不但本身是至善，而且可以發現流行而完成其善。

其次，我們又可以說理是生生不息之仁。陽明有一段論墨氏兼愛的話，玆引於下：

問：程子云：仁者以天地萬物爲一體，何墨氏兼愛反不得謂之仁？先生曰：此亦甚難言。須是諸君自體認出來始得。仁是造化生生不息之理，雖瀰漫周遍，無處不是，然其流行發生，亦只有箇漸，所以生生不息。如冬至一陽生，必自一陽生，而後漸漸至於六陽；若無一陽之生，豈有六陽？陰亦然。惟其漸，所以便有箇發端處。惟其有箇發端處，所以生。惟其生，所以不息。譬之木，其始抽芽，便是木之生意發端處。抽芽然後發幹，發幹然後生枝生葉，然後是生生不息。若無芽，何以有幹有枝葉？能抽芽，必是下面有箇根在。有根方生，無根便死，無根何從抽芽？父子兄弟之愛，便是人心生意發端處，如木之抽芽。自此而仁民，而愛物，便是發幹生枝生葉。墨氏兼愛無差等，將自家父子兄弟與途人一般看，便自沒了發端處。不抽芽，便知得他無根，便不是生生不息，安得謂之仁？孝弟爲仁之本，却是仁理從裡面發生出來。（傳習錄上、第九十六節）

陽明這段話解釋了爲什麼墨子的兼愛不得爲仁。儒者的仁是生生不息之理，從父子兄弟之愛發端，漸漸的瀰漫周遍，由孝弟而仁民、而愛物，自然能夠與天地萬物爲一體。墨子的兼愛不得謂之仁，並不是其理想不崇高，而是這理想不能眞正的實現。墨子愛無差等，將自家父子兄弟與途人一般看（註十二），就是自己對家人應有的厚愛之心變得刻薄了，這樣就是沒有了發端處。因爲自己的心是刻薄的，兼愛的理想或者得放棄，或者只是照着這樣一個理念勉強的去愛衆人，這樣就是無根，就不是生生不息。所以我們可以說，兼愛的理想非不崇高，但不能眞正的實現。

陽明批評兼愛的話，進一步推究其根據，還可能是出於反對離心言理的立場。他並未批評兼愛的理想不高，而是說它在心上沒有根源。這兼愛就像朱子所說的「所覺者心之理」，只是被認識而照着實踐的理念，這是發揮不了作用的。所謂的仁，必須是自己能生發流行的，在天地就是造物的生生不息，在人則是心。陽明在五經億說中云：「元也者，在天爲生物之仁，而在人則爲心。」心卽理的理不能是死定的法則，必須本身就是能生的仁。

再其次，又可說理是眞己。陽明說：

這視聽言動，皆是汝心。汝心之視，發竅於目；汝心之聽，發竅於耳；汝心之言，發竅於口；

汝心之動，發竅於四肢。若無汝心，便無耳目口鼻。所謂汝心，亦不專是那一團血肉，若是那一團血肉，如今已死的人，那一團血肉還在，緣何不能視聽言動？所謂汝心，却是那能視聽言動的，這箇便是性，便是天理，有這個性，才能生。這性之生理，便謂之仁。這性之生理，發在目便會視。發在耳便會聽，發在口便會言，發在四肢便會動，都只是那天理發生。以其主宰一身，故謂之心。（傳習錄上、第一百二十五節）

陽明在這裡從視聽言動來說心性天理。心性天理就是「能視聽言動的」，假如沒有了這個能者，就是死人，耳目口鼻只是一團血肉。我們似乎可說，心性天理就是生命，有了生命，耳目口鼻才能視聽言動。所以說：「有這個性才能生」，「都只是那天理發生」。但生命二字仍不能盡其義。

這段話是陽明對蕭惠己私難克之問的回答。蕭惠認爲其所以難克，是因其心只爲得箇軀殼的己（視聽言動的享受逸樂），不曾爲得眞己（天理、性）。陽明就告訴他：

若爲着耳目口鼻四肢時，便須思量耳如何聽，目如何視，口如何言，四肢如何動。必須非禮勿視聽言動，方才成得箇耳目口鼻四肢，這個才是爲着耳目口鼻四肢。……這心之本體，原只是個天理，原無非禮，這箇便是汝之眞己。這個眞己是軀殼的主宰，若無眞己，便無軀殼，眞是有之卽生，無之卽死。汝若眞爲那箇軀殼的己，必須用着這箇眞己，便須常常保守着這箇眞己的本體。

能視聽言動的是生命，但陽明所說的眞己是能視聽言動而合禮者。無此眞己，雖生命還能使耳目口鼻四肢活動，却會徵逐無節而發狂，使生命與軀殼並喪。理是眞己，與使軀殼活動的生命不可分，可以說是眞生命。這眞生命，連同上述的知、生，就是龍場之悟所體認得的，沒有私欲之蔽的根本生道。這是陽明經龍場的鍛鍊，把宋儒「人欲淨盡，天理流行」的話頭切切實實的體驗發揮出來的結果。

【附註】

註一　林繼平：王陽明龍場悟境探微（新時代第十四卷第二期，十三—十八頁）。解釋陽明龍場之悟得力於靜坐工夫，其說可以補充本文。但我以爲龍場之悟不能全以靜坐工夫來解釋。理由是：一、林文完全用李二曲靜坐以悟本體流行之說來解釋。我以爲二曲固然對陽明學有深詣，但二曲並不等於陽明。而且卽令其悟境相同，其入悟的工夫也不必相同。二、年譜記載除了靜坐工夫外，還提到超脫生死的工夫，服侍隨從疾病而生感慨等等，這些地方應該一併考慮其意義，不應略過。

註二　研究陽明思想的學者幾乎皆以龍場之悟爲「良知」之悟，或「本體」、「心體」之悟。我以爲龍場之悟的內容，就義蘊而言，固然可以層層深入；但就當時所自覺到，所表達出者而言，卻應該說得淺一點。錢緒山王文成公全書序云：「先生嘗曰：吾良知二字，自龍場已後，便已不出此意，只是點此二字不出，於學者言，費卻多少辭說。今幸見出此意，一語之下，洞見全體，眞是痛快，不覺手舞足蹈。學者聞之，亦省卻多少尋討功夫。」陽明此語出自宸濠亂後。（故下文云：某於良知之說，從百死千難中得來）我們可以說，龍場悟後只能是「已不出此意」，良知的意思只是隱含著。須到宸濠亂後，才「見出此意，一語之下，洞見全體。」又：秦家懿「獲得智慧」頁五三：「陽明發現人不僅能爲聖，且內在地具有成聖所需的方法，聖人是具體目標，是心靈狀態，超越自我而又爲內在的。」以此爲龍場之悟的內容，甚爲正確。

註三　見大學或問。

註四　朱子說：「是這箇心，便有這箇事，那有一事不是心裏做出來底。」「今看世上萬物，都只是這一箇心。」（轉引自朱子新學案第二冊十五頁）這是朱子類似「心外無事」、「心外無物」的說法。我以爲朱子只說事物，並未特別區分其屬心抑是屬外。假如是人事或和道德行爲有關的事，說其屬心，自應爲朱子所首肯。

註五　如傳習錄上第七節釋格物爲「但意念所在，卽要去其不正，以全其正」，此語是格物，也是誠意。所以湛甘泉說陽明以「正念頭之發」釋格物，（見明儒學案卷三十七甘泉學案：答陽明王都憲論格物）物只是念頭。傳習錄下第二十六節：「一念發動處，便卽是行了。」行是行爲，卽物。可見念頭就是物。

註六　心卽性的涵義請參看下文。

註七　勞思光中國哲學史把宋明理學的發展分爲三期。初期周濂溪張橫渠，屬於宇宙論時代；中期二程朱子是形上學時代；後期陸象山王陽明是心性論時代。可見其發展趨勢是理論愈來愈能和道德實踐配合。

註八　用戴君仁先生說。見「朱子陽明的格物致知和他們整個思想的關係」（梅園論學集一七七頁）

註九　黃麗娟「王陽明成德之教探微」第一章心卽理論，對「心就是道德的心，能自發的產生道德之理」這點有詳細的說明。

註一〇　分別見孟子集注盡心章注、大學章句「明德」注。

註一一　傳習錄上二十二節。

註一二　墨子兼愛之意，是否眞主張自家父子兄弟與途人等視，是另一問題。此處僅依陽明的看法申述。

第三章　知行合一說與誠意之教

第一節　身心上的工夫——知行合一

龍場之悟是「知天下之物本無可格者，其格物之功只在身心上做」，是「知心理是一個，便來心上做工夫」。上章心卽理說旣敍述了陽明在理論上的創見，本章當續論怎樣在身心上做工夫。陽明在龍場「居夷處困」，雖然自己能夠達觀，但畢竟對環境無能爲力，對隨從也僅能聊盡人事地照顧安慰而已，此卽所謂的「聖人處此更有何道」。後來悟得「聖人之道吾性自足」，雖在一籌莫展的環境中，我的眞實心與眞實行爲便是聖人之道。聖人從心上說，不從外在的表現上說；於是工夫只須在身心上做，不必追求外在的事功，「聖人處此更有何道」的問題便可以解消。旣然要在身心上做工夫，自然不在乎環境是否可爲。惡劣的環境甚至是磨鍊身心的利器，此中能熬得過，就是工夫的大進。陽明遂能從怨歎環境轉爲利用環境，原來是歎息「聖人處此更有何道」的，現在則成爲「處此正須聖人之道」、「聖人之學唯在此中做」了。

陽明有一段話教人把外在事功表現看得輕鬆：

問孔門言志，由求任政事，公西赤任禮樂，多少實用。及曾晳說來，却似要的事。聖人却許他，是意何如？曰：三子是有意必。有意必，便偏着一邊，能此未必能彼。曾點這意思却無意必，便是素其位而行，不願乎其外。素夷狄，行乎夷狄；素患難，行乎患難；無入而不自得矣！三子所謂汝器也，曾點便有不器意。然三子之才，各卓然成章，非若世之空言無實者，故夫子亦皆許之。（傳習錄上、第四十二節）

陽明此處稱許曾點，有就積極一面說的（曾點便有不器意，是積極的稱許），也有就消極一面說的，這裡暫且先提出消極一面來談。陽明心目中的曾點是個胸懷灑落，不求表現於事功學問的人。這樣才可以「素其位而行」，「素夷狄，行乎夷狄；素患難，行乎患難；無入而不自得矣！」陽明並非只是順口引幾句中庸的話來讚美曾點，夷狄患難正是陽明親身經歷過的困境，他說曾點如何如何，其實是說他自己的體驗。唯有放下政事禮樂，多少實用的意必，反過來在自己身上做工夫，才能夠在夷狄患難等等惡劣的環境中處處自得。這段話最能和龍場之悟相印證，看出聖人只在身心上做的道理。（註一）

從身心上做工夫，其道甚廣。試舉幾個簡單的例子。陸澄問怕鬼的問題，陽明答云：「只是平日不能集義，而心有所慊，故怕。若素行合於神明，何怕之有？」（傳習錄上四十三節）怕鬼就是恐懼心理的問題，由怕到不怕就需要一番心地工夫。平日集義，使無一毫虧欠，就是工夫。陽明曾在放逐路上被刺客尾隨，到龍場後，劉瑾憾恨未已，當時必曾有怕被害死，怕病死，怕葬身異域諸恐懼心理縈擾於心。陽明之答一方面是普徧眞理，一方面也是實地工夫。再就上章所引陽明之言以觀，亦無往而非身心上的工夫。如所舉的三種「心外無物」，都須透過身心的工夫，始克臻於「心卽理」之境。第一類的物，事親、事君、仁民愛物、視聽言動等，諸物要如理的表現，便須伴隨着孝、忠等工夫。第二類的物，富貴貧賤、患難死生等，處之則須「貧而樂、富而好禮」，「集義無所慊於心」等工夫。第三類喜怒哀樂不可逃之情，處之亦須知心體自然有個中和，而把情感調停於恰好。此外，使人心得正而化爲道心，在性上用功使萬理燦然等，處處皆身心上的工夫。

從心卽理的理論而言，旣謂「此心無私欲之蔽卽是天理」，工夫卽須把握「去除此心的私欲之蔽」這個要點。前舉種種身心上的工夫，其實不外是去私心、去名利心、涵養本心等等「去私欲之蔽」的工夫。去私欲之蔽在內是心地工夫，在外就是行爲的工夫，總而言之卽知行合一的工夫。爲了求確實，知行合一的教法又歷經實驗，逐漸發展而有確定的內容。陽明爲學的歷程，三十七歲龍場之悟到五十歲提倡致良知，可以劃爲一個階段，姑且稱爲中年時期。傳習錄卷上刻於陽明四十七歲時，（註二）今取以爲探討的基本資料，以觀陽明教法的發展與確定。本節是這些討論的始點，將試着爲知行合一的名義做個解釋。

我們首先會問，知行合一是知個什麼，行個什麼呢？知是知其理，行是行其事，這些理與事都是就心及心之所發而說的。就上章所舉的例子來說，有孝弟與事父事兄、出入自得與處夷狄患難、中和與喜怒哀樂等等。無關於心的事物，是在知行合一說的範圍之外的。我們可以看下引一段：

曰孚曰：先儒謂一草一木，亦皆有理，不可不察，如何？先生曰：夫我則不暇。公且先去理會自己性情。須能盡人之性，然後能盡物之性。曰孚悚然有悟。（傳習錄上、第一百二十節）

草木可以不必去察，就是事物上本無可格者的意思。知行合一的工夫是在身心上做的，這是我們首先要確定的。我們再引一段來看：

古人所以既說一個知，又說一個行者，只爲世間有一種人，懵懵懂懂的任意去做，全不解思維省察，也只是箇冥行妄作，所以必說箇知，方纔行得是。又有一種人，茫茫蕩蕩，懸空去思索，全不肯著實躬行，也只是個揣摸影響，所以必說一個行，方纔知得眞。此是古人不得已補偏救弊的說話。若見得這個意時，卽一言而定。今人却就將知行分作兩件去做，以爲必先知了，然後能行。我今且去講習討論做知的工夫，待知得眞了方去做行的工夫，故遂終身不行，亦遂終身不知。（傳習錄上、第五節）

從這段話，益可見得知行合一是講身心上完整的一個工夫。我們就孝的例子來說。假如一個人去事父，但却從不曾反省，心裡不曾明白，就是陽明所謂「懵懵懂懂的任意去做，全不解思維省察，也只是個冥行妄作」。假如一個人只說孝是如何如何，却不曾實地去事父，就是陽明所謂「茫茫蕩蕩，懸空去思索，全不肯著實躬行，也只是箇揣摸影響」。心裡明白而身上實踐，就是一個完整的道德行爲。惟就身心上的道德行爲來說，知與行才能有如此密切的關係。知是明白得行個什麼，行則是把所明白的表現出來。假如離開了身心上的道德行爲，就用的方面，如知識技能事功等來說，則知行合一就說不通了，說得通的反而是「必先知了，然後能行」的一套，所以知行合一須就身心上來說。

現在我們再就徐愛和陽明問答的一段話來討論知行合一的要旨。

愛因未會先生知行合一之訓，與宗賢惟賢往復辯論，未能決，以問於先生。先生曰：「試舉看。」愛曰：「如今人儘有知得父當孝，兄當弟者，却不能孝，不能弟，便是知與行分明是兩件。」先生曰：「此已被私欲隔斷，不是知行的本體了。未有知而不行者，知而不行，只是未知。聖賢教人知行，正是要復那本體，不是着你只恁的便罷。故大學指箇眞知行與人看，說如好好色，如惡惡臭。見好色屬知，好好色屬行。只見那好色時，已自好了，不是見了後，又立個心去好；聞惡臭屬知，惡惡臭屬行，只聞那惡臭時，已自惡了，不是聞了後，別立個心去惡。如鼻塞人雖見惡臭在前，鼻中不曾聞得，便亦不甚惡，亦只是不曾知臭。就如稱某人知孝，某人知弟，必是其人已曾行孝行弟，方可稱他知孝知弟。不成只是曉得說些孝弟的話，便可稱爲知孝弟。又如知痛，必已自痛了，方知痛；知寒，必已自寒了；知饑，必已自饑了。知行如何分得開？此便是知行的本體，不曾有私意隔斷的。聖人教人，必要是如此，方可謂之知。不然只是不曾知。此却是何等緊切著實的功夫。如今苦苦定要說知行做兩個，是什麼意？某說要做一個，是什麼意？若不知立言宗旨，只管說一個兩個，亦有甚用？」（傳習錄上、第五節）

陽明回答徐愛知道孝弟却不能行孝弟之疑，說：「此已被私欲隔斷，不是知行的本體了。未有知而不行者，知而不行，只是未知。」這幾句話須和前章論心的特殊表現處合看，其意乃顯。前章說，孝弟不是客觀獨立於心的理，而是當此心對父兄而發出孝弟的意念，這意念沒有私欲攙雜在其中時，就稱之爲孝弟之理。孝弟之理只是此心特殊的表現的名稱而已。今就陽明這段話來說，知孝弟的知實在就是一個發動的心，假如不能行，就是被私欲隔斷。有了私欲的障蔽，不但發動的心不能表現到行爲上，甚至這心本身也不足稱之爲孝弟了。所以陽明能說「未有知而不行者，知而不行，只是未知」。我們還須注意陽明所謂「知行的本體」中的本體二字。本體蓋謂本來狀態，實指則爲本心。陽明嘗說：「此心無私欲之蔽，卽是天理」，又說：「若是知行本體，卽是良知良能。」（註三）知行是就心的發動來說的，當這個發動的心沒有私欲爲其障礙的時候，是卽知卽行的，這個發動的心就是「知行的本體」。

發動的心，若無私欲障蔽，卽是知行合一的。這個說法中包含了一個問題，就是心發動後，雖無私欲障蔽，是否就一定會表現爲行爲？假如並未表現到行爲上，這發動的心還能不能稱做知行合一呢？這問題並沒有明確的答案，但細心推敲起來，陽明可能是主張知行合一可以只就這發動的心而說，不必表現到行爲上。就陽明答徐愛的話中所謂「眞知行」來看，如好好色，如惡惡臭。見好色屬知，好好色屬行。聞惡臭屬知，惡惡臭屬行。當我們知道是好色惡臭之時，我們已隨之而好惡了。陽明在這裡雖是用比喻來說由知到行的間不容髮，以明知行合一的道理。但我們更可卽此間不容髮的例子，而看出心一發動卽是行，不必等到有可見的舉止動作後才稱作行。我們可以引陽明晚年的說法來證明這種觀點：

我今說箇知行合一，正要人曉得一念發動處，便卽是行了。（傳習錄下、第二十六節）

欲行之心，卽是意，卽是行之始矣！（傳習錄中、答顧東橋書）

從這兩條看來，心一發動就是行了。再請看下引一條：

夫求理於事事物物者，如求孝之理於其親之謂也。求孝之理於其親，則孝之理其果在於吾之心邪？抑果在於親之身邪？假而果在於親之身，則親沒之後，吾心遂無孝之理歟？（同上）

這條也是陽明晚年之說，討論的是心卽理的問題。但如果我們稍加引伸，就可將此條視作知行合一說的好材料。陽明說孝親之理在吾心，而不在親之身。我心發動一念去孝親，此時若無私欲障蔽，這個發動的心就可以稱做孝。我們前面所引陽明答徐愛知行合一之疑，曾說：「就如稱某人知孝，某人知弟，必是其人已曾行孝行弟，方可稱他知孝知弟。」這句話現在却發生了問題。假如其人的親已死去，已不可能再行孝行弟，是否就無法知孝知弟了呢？依照心卽理的主張，我心的孝不因親的存歿而改變，那麼知孝也不應決定於是否曾有孝的行爲，而應決定於我心發動的孝親之念是否眞切無僞。於是所謂的知行合一不必說成：「心的發動，若無私欲障蔽，卽表現在行爲上」，而可說成：「心之發動而無私欲障蔽者」。

我們曾在本節之初劃定知行合一的範圍，說知行合一是就身心上說的。現在我們就身心來再分體用，以心爲體，以表現在外的舉止動作爲用。我們將發現，陽明說知行合一，原意是要說明體用爲一，但知行合一已含蘊在體中了，就是不談用，亦無害其爲知行合一。此外，我們上面引用從體上說知行合一的材料都出於晚年，可見陽明晚年學說入於精微的狀況。

第二節　知行合一教法的進展

陽明從龍場之悟到五十歲提倡致良知之教，其間的十幾年之中，他指點學生做工夫的方法經歷了三個階段。最先是從學術上解釋（註四），然後是靜坐自悟心體，最後是存天理去人欲。這三個階段的區分並不表示陽明的思想有何進展，乃是顯示出他的隨時提醒工夫，要看着學生實地踐履。

第一階段的用力之點似是落在說服之上。年譜三十八歲條云：

是年，先生始論知行合一。始席元山書提督學政，問朱陸同異之辨。先生不語朱陸之學，而告之以其所悟，書懷疑而去。明日復來，舉知行本體證之五經，諸子漸有省，往復數四，豁然大悟，謂聖人之學復覩於今日。朱陸異同，各有得失，無事辯詰。求之吾性，本自明也，遂與毛憲副修葺書院，自率貴陽諸生以所事師禮事之。

陽明知行合一說是教學者做工夫，但以其學初出，須多做解釋的工作。其學不同於朱子以來的舊說，又易引起學者的懷疑和爭辯。由年譜可知初聞新說者，每興起朱陸異同的問題。於是知行合一說變成了口頭的論辯，這不是陽明的本意，於是促使陽明教法轉變到第二階段，年譜三十九歲條云：

> 語學者悟入之功。先是先生赴龍場時，隨地講授。及歸，過常德辰州，見門人冀元亨蔣信劉觀時輩俱能卓立，喜曰：「謫居二年，無可語者。歸途乃幸得諸友。悔昔在貴陽舉知行合一之教，紛紛異同，罔知所入。玆來乃與諸生靜坐僧寺，使自悟性體，顧恍恍若有可卽者。」

由此記載可知陽明教法轉變的原因。靜坐方法的提出，正是要彌補「紛紛異同，罔知所入」，流於口舌之爭的缺失。（註五）靜坐的目的是要「悟入」。什麼是「入」呢？就是「使自悟性體，顧恍恍若有可卽者」。陽明說知行合一是要就身心行爲上說體用合一，希望知不是茫茫蕩蕩的揣摸影響，行不是懵懵懂懂的冥行妄作，而是緊緊結合在一起，使得知都能涵蘊着行，而行都是知的表現。這樣就是「卽體而言，用在體；卽用而言，體在用，是謂體用一源」。這個體用合一是很好的理想，但這話不能空講，而須要實踐。知行合一是從心上發出來的工夫，知行本體卽是心體，知行合一的目的是使心體能明朗與表現。於是，與其在口頭上解釋知行合一，不如使人自悟知行本體，靜坐自悟心體可謂是實踐的捷徑。

這階段的用功大概可以分成兩個層次。首先是靜坐，靜坐的意義很簡單，就是離開一切事爲動作，斷絕了一切的用，而回到體上來，是一種收放心的工夫。年譜又云：

> 既又途中寄書曰：「前在寺中所云靜坐事，非欲坐禪入定也。蓋因吾輩平日爲事物紛拏，未知爲己。欲以此補小學收放心一段功夫耳！明道云：纔學便須知有用力處，既學便須知有得力處，

諸友宜於此處著力，方有進步，異時始有得力處也。」

陽明教學生靜坐自悟性體，看似走高明玄虛、神秘主義的路，這只是表面的現象。事實上陽明走的反而是具體實際的途徑。知行合一的論辯只是口耳異同，靜坐自悟心體反倒是實踐親證，教大家放下討論，坐下來做工夫。由此可見陽明的工夫論實在有一種向具體實際而趨，使學者愈能實地用功的趨勢。現在陽明又在途中寄書，把靜坐的意義講得更爲具體實際。謂其只是「欲以此補小學收放心一段功夫」離開事物的紛擾，思慮的奔馳，使心能夠安定下來，而「非欲坐禪入定也」。由此觀之，陽明工夫論的趨勢所在更顯而易見了。

其次是省察克治。陽明有論爲學工夫一段話，謂「初學時，心猿意馬，拴縛不定，其所思慮，多是人欲一邊，故且教之靜坐息思慮。久之，俟其心意稍定，只懸空靜守，如槁木死灰，亦無用，須教他省察克治。」蓋陽明第二階段的工夫是直接治心，當他靜坐把心意定下來後，進一步的就須在心裡做工夫。知行不能合一是由於人欲的間隔，心猿意馬拴縛不定也是爲了人欲的攪擾。現在既然能靜下來，就應進而去除人欲。陽明接着又說：「省察克治之功，則無時而可間，如去盜賊，須有箇掃除廓清之意。無事時，將好色好貨好名等私，逐一追究搜尋出來，定要拔去病根，永不復起，方始爲快。常如貓之捕鼠，一眼看着，一耳聽着，纔有一念萌動，卽與克去。」總之就是靜時省察內心，把私欲之根一一拔去，讓心地能潔淨。到得無私可克時，自然「天理純全，何思何慮」，隨手行去皆無不當，也便是知行眞能合一之境了。

年譜三十九歲條又有一磨鏡之喻，謂聖人之心如明鏡，不消磨刮。常人之心如斑垢駁蝕之鏡，須痛刮磨一番，盡去駁蝕，然後纖塵卽見，纔拂便去。至於下愚只有一點明處，塵埃之落就有見有不見了。後二種區別是「學利困勉之所由異」。陽明旣爲此區分，又勉勵人說：

> 凡人情好易而惡難，其閒亦自有私意氣習纏蔽，在識破後自然不見其難矣！古之人至有出萬死而樂爲之者，亦見得耳！向時未見得裡面意思，此功夫自無可講處。今已見此一層，却恐好易惡難，便流入禪釋去也。

磨鏡就是前段中「省察克治，掃除廓清」的意思，這是「自悟心體」之後的工夫。卽使從高明一途以入，仍有重重功夫在。「見得裡面意思」是知心之本體原如明鏡，然而有駁蝕，有塵埃。識得孰爲本體，孰爲塵埃，乃爲了利於工夫的進行。假如「好易惡難」，便「流入禪釋去也」，此則萬萬不可。由此可見陽明的工夫論，卽令從高明入，也將走向具體實際一途。

第三階段是「存天理去人欲」。其實，廓清心體的工夫就是存天理去人欲了，其所以與第三階段不同者，還須從體用關係上了解。廓清心體是單就這心體來做存天理去人欲的工夫，而第三階段的存天理去人欲是不分動靜（有事無事）的。

第二階段所以會發展到第三階段，仍可用其工夫論「向具體實際而趨」的特色來解釋。陽明四十二歲在滁州時，重舉「靜坐自悟性體」的教法。他說：「吾昔居滁時，見諸生多務知解口耳異同，無益於得，姑教之靜坐，一時窺見光景，頗收近效。」陽明不但教他們靜坐自悟，還用高明的話來指點。

如送蔡希顏三首所云：「寂景賞新悟，微言欣有聞」，「悟後六經無一字，靜餘孤月湛虛明」。（註六）者是也。但他四十三歲到南京後，卽改提存天理去人欲之教。年譜正德十六年辛巳五十歲條云：

先生自南都以來，凡示學者，皆令存天理去人欲以為本。

陽明在滁州以高明一路教學者而發生流弊，遂改為這教法。滁州之教，學者雖「一時窺見光景，頗收近效」，但「久之，漸有喜靜厭動，流入枯槁之病。或務為玄解妙覺，動人聽聞。」（註七）陽明教人悟性體，然後在體上搜剔克治私欲。但陽明看學生的表現，而感到不能多講體。離用講體，則體是虛的。雖然悟解高明，却是流於清談、厭事、枯槁，反而在事為上不能得力。離開事為，單在心體上克治私欲，工夫也很難確實。他提出「存天理去人欲」，最重要的目的就是要把有事無事的區別打破。

問寧靜存心時，可為未發之中否？先生曰：今人存心，只定得氣。當其寧靜時，亦只是氣寧靜，不可以為未發之中。曰：未便是中，莫亦是求中功夫？曰：只要去人欲，存天理，方是功夫。靜時念念去人欲存天理，動時念念去人欲存天理，不管寧靜不寧靜。若靠那寧靜，不惟漸有喜靜厭動之弊，中間許多病痛，只是潛伏在，終不能絕去，遇事依舊滋長。以循理為主，何嘗不寧靜？以寧靜為主，未必能循理。（傳習錄上、第三十一節）

陽明說寧靜只是氣寧靜，不是未發之中。這氣是相對於理而說的，猶言這個心只是定下來而已，其實還是個滿含私欲的心。陽明這時的主張是寧靜非工夫，因為寧靜會帶來厭事之弊，又無法除去此心的私欲。於是陽明只講去人欲存天理，靜時動時都要念念去人欲存天理。在上一階段裡的廓清心體，是先求寧靜，而後於無事時省察心中的私欲而克治之；這時的去人欲存天理就把有事無事的分別泯滅了，所以說：「省察是有事時存養，存養是無事時省察。」（註八）這樣有事無事都存天理去人欲，就是「以循理爲主」。陽明說：「定者，心之本體，天理也。動靜，所遇之時也。」（註九）循理則不論所遇之時是動或靜，心都能夠安。這是心本來的定，而不只是氣上的定，這才是眞正的未發之中，所以說「以循理爲主，何嘗不寧靜」。

我們再引一條陽明的話來討論：

澄問操存舍亡章。曰：出入無時，莫知其鄉，此雖就常人心說，學者亦須是知得心之本體，亦元是如此，則操存功夫，始沒病痛。不可謂出爲亡，入爲存。若論本體，元是無出無入的。若論出入，則其思慮運用是出，然主宰常昭昭在此，何出之有？旣無所出，何入之有？程子所謂腔子，亦只是天理而已。雖終日應酬，而不出天理，卽是在腔子裡。若出天理，斯謂之放，斯謂之亡。又曰：出入亦只是動靜。動靜無端，豈有鄉邪？（傳習錄上、第五十一節）

陽明在第二階段靜坐、以收斂爲主的教法中，把用的一面擱下，而完全回到心體上做工夫。現在他不分動靜都要用功，用的一面又提出來。然而他把用當作體上的工夫來看待，用上做工夫，正所以明得體，用明卽是體明。在這一條裡，陽明所謂的出，就是動，就是思慮運用，心之發動不管是只有念頭或表現於作爲，都包括在其中。所謂的入，就是靜，是心不發動之時。陽明說本體原是無出無入的，思慮運用、終日應酬，是用，但這用只要不出天理，就還是本體。在事爲上用功，卽是在心體上用功，於是存天理去人欲的工夫是動靜都可以做的，對第二階段的廓清心體來說，是補上動時也要廓清心體的意思。所以存天理去人欲的工夫，能夠體用兼顧，完密而無弊。

這一條主要講的是心無處不在，所以存天理去人欲的工夫是處處可做的。陽明講存天理去人欲還有就用上做工夫以明體的意思，須參看下一條：

問靜時亦覺意思好，才遇事，便不同，如何？先生曰：是徒知養靜，而不用克己工夫也。如此，臨事便要顛倒。人須在事上磨，方立得住，方能靜亦定，動亦定。（傳習錄上、第二十四節）

陽明曾說徒知養靜而不用克己工夫的流弊，而改提存天理去人欲的教法。這裡陽明又提出事上磨鍊的工夫，這是存天理去人欲更具體的講法。無事時搜尋心中私欲來克治的工夫，並不能保證臨事時就能具效而不顛倒，而且無事時的工夫也是無可捉摸的。事上磨鍊，就是在每一件事上都做存天理去人欲的工夫。這樣工夫才會具體，有依據處。同時陽明說本體無出無入，終日應酬，不出天理，就是在腔子裡。於是雖在事上磨鍊，而明得的，就是心體。於是事上磨鍊是即用以明體的工夫。

陽明提出事上磨鍊說時，其工夫論的進展已到成熟階段。這裡要附帶做個說明的，即我們舉事上磨鍊說是取其廣義，就是把無事時靜坐內省也包括在內。陽明從第二階段步入第三階段「存天理去人欲」，其關鍵是因只在靜處用功，將使動處、事爲處俱不著實。提出存天理、去人欲就是要把動時工夫包括進去。人當醒時，多半在應事，故舉「事上磨鍊」，以求工夫更落實。若無事時，也可視無事爲一事，此時的存養、搜剔私欲就是事上磨鍊工夫。陽明所提倡的事上磨鍊實在是較偏於動的一方面，

但這是他的生活背景使然。從理論上說，應說是動靜兩面均不偏廢的。（註十）

卽用以明體的事上磨鍊，是陽明在五十歲以前最重要的一個工夫，凡是陽明所說的立志、克己、主敬窮理、精一、博約、盡心、格物誠意，都只不過是這個工夫的種種說法。知行合一從理論上說，乃是心體的發動，動而無私欲障蔽，便是卽知卽行的。這是從體直貫到用，無毫髮間隔。這是龍場之悟以來便已無疑的。從工夫上說，則須說到事上磨鍊，才眞正是落實可據。由教法從討論趨至事爲的歷程，（註十一）亦可以覘知陽明之學重視在事爲上實踐，並由事爲上的實踐而得進展的特色。

第三節　事上磨鍊說的提出

在上一節裡，我們看到知行合一教法的進展，其最落實的講法是卽用以明體的存天理去人欲，更具體的說就是事上磨鍊，而事上磨鍊就是心上磨鍊。本節將試着闡明事上磨鍊說是相應「心卽理」的理論，而發展出的最成熟確定的工夫論。

先舉一實例來說。年譜十七歲條有云：

官署中蓄紙數篋，先生日取學書。比歸，數篋皆空，書法大進。先生嘗示學者曰：吾始學書，對模古帖，止得字形。後舉筆不輕落紙，凝思靜慮，擬形於心，久之始通其法。旣後讀明道先生書曰：吾作字甚敬，非是要字好，只此是學。旣非要字好，又何學也？乃知古人隨時隨事只在心上學。此心精明，字好亦在其中矣！後與學者論格物，多舉此爲證。

這是陽明對少年學書的回憶，當初是不著不察，後來讀明道書，始悟心事交融之理。「對模古帖，只得字形」，意謂用心不精，字便無神。心能凝思靜慮、能誠敬精明，字才能寫得好。寫字一事，貌似筆上工夫，其實是心地工夫。筆上工夫愈到家，其實是心地修養的愈熟練。說心地精明使得字好亦可，說書法進步使心地益精也未嘗不可。與其說二者互爲因果，還不如說二者本來是一事。寫字用工夫不就是在心上用工夫嗎？寫字是事，事上磨鍊就是心上磨鍊，二者難再區別。心地精明含蘊字形是知，寫字的工夫是行。當其寫時，其實是心在運用與表現。字的進步卽心的益精，由此可見知行的合一並進。

再從寫字一事來論心卽理與事上磨鍊的關係。心卽理是「此心無私欲之蔽，卽是天理」，欲臻此境，須有去私欲之蔽的工夫。每件事都是心的表現，寫字是件小事，但寫字就是用心，「凝思靜慮，擬形於心」，就是寫字時的存天理去人欲。於是在寫字上做工夫，神而明之，便可達到心卽理之境。由是言之，寫字雖是事上磨鍊，而同時便是心上磨鍊。離開了事，心就落空，自然不能談到如何使其如理了。

今再根據上章所論的心外無物，以說明心卽理與事上磨鍊的關聯。我曾舉出三種「心外無理、心外無事」，今試分析當時引用的一段話：

澄嘗問象山在人情事變上做工夫之說。先生曰：除了人情事變，則無事矣！喜怒哀樂，非人情乎？自視聽言動，以至富貴貧賤，患難死生，皆事變也。事變亦只在人情裡，其要只在致中和，致中和只在謹獨。（傳習錄上、第四十節）

離開人情事變就無處可做工夫，其理易曉。我們還可進而指出，所謂「心」不必是淵微秘奧不可測度的東西，心其實就在人情事變之上。人情就是喜怒哀樂。喜怒哀樂之未發謂之中，便是心之本體；喜怒哀樂是心之發動，卽是事物；隨時將其調停適中，使其合乎本來的分限，就是致中和的工夫。陸澄因兒病危而憂悶，陽明說：「此時正宜用功。若此時放過，閒時講學何用？人正要在此等時磨鍊。父之愛子，自是至情，然天理亦自有個中和處，過卽是私意。」（傳習錄上四十七節）心卽天理，發爲喜怒哀樂時自然有中節之和，假如過而不和，就應自我調適。喜怒哀樂之和卽是心的合乎本體。於是自我調適的工夫，一方面是事上磨鍊，一方面又完全等於心上磨鍊，心與事本是一個，本體工夫實不可分。再說到視聽言動、富貴貧賤、患難死生諸事變，人之遇此，必有心理反應，於是仍是處於喜怒哀樂之情中。在諸事變上做工夫其實還是在人情上做工夫，仍是在喜怒哀樂上做事上磨鍊的工夫，而事上磨鍊就是心卽理的工夫。

以上既敘述了事上磨鍊爲心卽理之工夫，今進而問此種工夫是否有益於事爲本身的成功。陽明的答案是肯定的，唯有如此，其學才不僅爲袖手談心性之學，而是在氣節、事功諸表現上也有積極意義的，此點最爲事上磨鍊說的精義所在。就上擧學書之例來看，雖說「非是要字好，只此是學」，但學的結果，「此心精明，字好亦在其中矣！」筆上工夫就是用心的表現，則心地修養的生熟自然影響到字的好壞了。心和字的關係是本末的關係，不能說二者實爲一事，於是我們有理由把心和字區別地看。一個道學夫子可以說「只是要心好」，一個書法家也可以說「只是要字好」。字的好壞取決於其形體結構，是客觀的。心雖好了，仍要講求客觀的技術，字才會好。陽明說「此心精明，字好亦在其中矣」，不是糊塗地混本末爲一，以爲心既好，就不須技術了。陽明之說的精義在其能爲本末搭一橋樑，使我的心性透過客觀技術而表現。技術雖是客觀的，然其一舉一動都有整個心的活動在後支持。以精明之心去寫字，自然隨時會自我提醒要一絲不苟，便會照着客觀法度規規矩矩的運筆。於是不僅不致忽略技術，反而能促進技術的進步。陽明所重的是「本」，但本的一面透徹了，便能促進末的講求。凡陽明論事上磨鍊與事爲本身之關係的，多可以如是觀。譬如徐愛問陽明，事父一事，其間溫淸定省之類，有許多節目，不知亦須講求否？陽明回答：「如何不講求？只是有箇頭腦，只是就此心去人欲存天理上講求。……只是講求得此心。此心若無人欲，純是天理，是箇誠於孝親的心，冬時自然思量父母的寒，便自要去求箇溫的道理；夏時自然思量父母的熱，便自要去求箇凊的道理。這都是那誠孝之心發出來的條件。」（傳習錄上第三節）講求溫淸定省須有頭腦——此心的存天理去人欲——，這是事上磨鍊，卽用以明體。事上磨鍊的結果，一方面是體上的日益明徹，一方面又自然會要求用上的愈加細密。溫淸定省等節目將完全吻合客觀要求，而無疏失之虞。

今再引一段話爲證：

問名物度數亦須先講求否？先生曰：人只要成就自家心體，則用在其中。……亦不是將名物度數全然不理，只要知所先後，則近道。又曰：人要隨才成就。才是其所能爲，如夔之樂，稷之種，是他資性合下便如此。成就之者，亦只是要他心體純乎天理，其運用處皆從天理上發來，然後謂之才。到得純乎天理處，亦能不器。使夔稷易藝而爲，當亦能之。又曰：如素富貴，行乎富貴；素患難，行乎患難；皆是不器。此惟養得心體正者能之。（傳習錄上七十節）

這段話首先是名物度數是否該講求的問題。陽明謂不是不講求，而是要知所先後。心是體、是本，名物度數是用、是末。不是先講求心體之後再講求名物度數，這樣等於是不講求名物度數。亦不是先講求名物度數，以待後來心體的配合，如此則名物度數亦是白講。（陽明云：「苟無是心，雖預先講得世上許多名物度數，與己原不相干，只是裝綴，臨時自行不去。」）所謂的知所先後的眞諦，是隨着成就心體的需要去講求名物度數，又在講求施行之際做存天理去人欲的工夫，此卽事上磨鍊，以成就心體爲指歸。然而當此之時，必然會要求名物度數之確實淸楚，以利其施爲，於是用的一面也就精了。

進一步言之，則有隨才成就的說法。才是其所能爲，是資性合下便如此，換言之是天生就有的用了。隨才成就是卽其用而做事上磨鍊的工夫，去人欲而存天理。於是這工夫一方面是使心體純乎天理，一方面又是使心體表現在運用之上，而磨鍊其才性。陽明認爲到純乎天理時則能不器，蓋心體旣能表現於運用，磨鍊其才性，則時移世易，需要創制因革時，應能發揮天賦以上的力量。素富貴行乎富貴，素患難行乎患難，不僅是消極地心安理得，更能因時制宜，有爲其所當爲的見識與能力。此卽所謂的不器。因此，事上磨鍊對客觀的事爲成就絕對是有幫助的。

第四節 誠意之教

陽明早年曾經循着朱子格物之教做工夫而無所得。龍場之悟以後，陽明講心卽理的學說，並改紘易轍在身心上做工夫。其工夫論並屢經改易，最後發展到「事上磨鍊卽心地工夫」之說，才告確定。事上磨鍊是陽明教學時所言及的，以其清楚易解，又能表現陽明工夫論的特色，所以特別標舉出來。至於陽明所用的正式學術用語，則應稱之爲「誠意之教」。朱子畢生用力大學，依之以論聖學的規模與工夫次第；而其重點則落在格物致知之上。陽明說知行合一，於是對大學諸條目也有了一套新解釋。陽明提倡大學古本，反對朱子的改定大學，卽由於他回顧聖經時，能有新體認，於是亦依之以講聖學的規模與工夫次第。其別於朱子者，在於其重點落在誠意之上。

陽明四十七歲時刻古本大學，並作一序。陽明全書所載的古本大學序是五十二歲時改作的，（註十二）四十七歲時所作原序，今尚見引於羅整菴困知記三續二十章。今將原序抄釋於下。

> 庚辰春，（按，是年陽明四十九歲）王伯安以大學古本見惠，其序乃戊寅七月（按，是年陽明四十七歲）所作。序云：大學之要，誠意而已矣！誠意之功，格物而已矣！誠意之極，止至善而已矣！

陽明之說與朱子相較，朱子解釋八條目，是分析的、層進的，致知格物屬知，誠意以下屬行，先知後行。陽明則主張知行合一，工夫單單落在誠意之上，只誠意就盡了大學工夫。陽明又云：「身之主宰便是心，心之所發便是意，意之本體便是知，意之所在便是物。如意在於事親，卽事親便是一物；意在於事君，卽事君便是一物；意在於仁民愛物，卽仁民愛物便是一物；意在於視聽言動，卽視聽言動便是一物。所以某說無心外之理，無心外之物。中庸言不誠無物，大學明明德之功只是箇誠意，誠意之功只是箇格物。」（傳習錄上第六節）蓋身心工夫須在心之所發上做，所以明明德之功只是箇誠意。心之所發，更著實的說，卽是事物，如事君事親、仁民愛物、視聽言動皆是事物。心地工夫卽事上磨鍊，故謂誠意之功只是箇格物。

　　正心，復其體也；修身，著其用也；

前述的格物以誠意，是事上磨鍊的工夫。這工夫已是體用兼具，如事親事君等事，就事上盡心的一面看，卽是正心復其體的工夫；就事爲實踐的一面看，卽是修身著其用的工夫。故事上磨鍊中便包含了正心與修身，於是我們可說誠意（事上磨鍊）是工夫的樞紐。

　　以言乎己，謂之明德；以言乎人，謂之親民；以言乎天地之間則備矣！

前面所述爲工夫之要，此處所提出的則爲其學之規模。大抵其學之體用，以一身來說，則正心爲體，修身爲用；以天下來說，則明德爲體，親民爲用。陽明以爲體用相涵，正心修身既不可分言，則明德與親民又豈可打成兩截？我之身心與天下實是息息相關的，故明明德工夫不可孤立地做。聖賢之教皆如是說：「親民猶孟子親親仁民之謂，親之卽仁之也。百姓不親，舜使契爲司徒，敬敷五教，所以親之也。堯典克明峻德，便是明明德；以親九族，至平章協和，便是親民，便是明明德於天下。又如孔子言修己以安百姓，修己，便是明明德；安百姓，便是親民。」（傳習錄上第一節）蓋明德是修己以仁，而仁德必兼仁民愛物之義。故陽明的工夫論雖以自治爲中心，却已含攝生民萬物於其中了。

是故至善也者，心之本體也；動而後有不善。意者其動也，物者其事也，格物以誠意，復其不善之動而已矣！不善復而體正，體正而無不善之動矣！是之謂止至善。

此處又回頭再論工夫。旨在論事上磨鍊卽存天理去人欲的工夫。「至善也者，心之本體也」，這是心卽理之說。「動而後有不善」，故須做工夫以恢復其本體。「意者其動也，物者其事也」，心之不善實是意與物之不善，故須以「格物以誠意」爲工夫。格物以誠意是「復其不善之動」，卽存天理去人欲。陽明有云：「格物如孟子大人格君心之格，是去其心之不正，以全其本體之正。但意念所在，卽要去其不正，以全其正，卽無時無處不是存天理，卽是窮理。天理卽是明德，窮理卽是明明德。」（傳習錄上第七節）所謂事上磨鍊（格物以誠意）實在是隨處存天理去人欲的工夫。

聖人懼人之求之於外也，而反覆其辭。舊本析而聖人之意亡矣！是故不本於誠意，而徒以格物者，謂之支；不事於格物，而徒以誠意者，謂之虛；支與虛，其於至善也遠矣！合之以敬而益綴，補之以傳而益離。

這段話是批評朱子的。陽明以爲大學雖言明德親民，但二者實非分立；雖舉八條目，但誠意之敎已能兼括體用。於是，大學只是一個工夫，所謂三綱領八條目只是「懼人求之於外，而反覆其辭」，使之細密而已。朱子的分析章節，更動原文，原因在以為工夫是分析層進的，先向外求得知識了，再返而在心地做工夫。陽明則批評工夫兩分之不當：「不本於誠意，而徒以格物者，謂之支；不事於格物，而徒以誠意者，謂之虛。」朱子亦知格物有流於支離的危險，故主張先之以敬，有「大抵是且收斂得身心在這裡，便已有八九分了，却看道理有窒礙處，却於這處理會。」（註十三）之類的話。朱子不知誠意工夫本無不足，於是在大學之中添上敬的工夫，又要補上格物之傳。雖有添補，却是內外依然分裂，所以說「合之以敬而益綴，補之以傳而益離」。

吾懼學之日遠於至善也，去分章而復舊本，傍為之什，以引其義，庶幾復見聖人之心，而求之者其有要。噫！罪我者其亦以是矣夫！

此語則陽明自述復古本的緣由，以為結論。

總括此文，有下列諸要點：

㈠聖學的工夫：格物以誠意，復不善之動。換言之，即事上磨鍊，存天理去人欲。

㈡體用的規模：心身是一層體用，明德親民又是一層體用。體用相涵，故聖學規模得以極其廣大。

㈢批評朱子的工夫論：謂朱子格物為求之於外，主敬窮理並立亦非是。

㈣結論主復古本。

陽明此序是一篇宣言，其自謂「復見聖人之心，而求之有要」，即其學成熟獨立、自信不移之時。此後其學雖續有進展，但此序所定下的學術綱領始終是確切不移的。

【附註】

註一　秦家懿「獲得智慧」頁五二～五三，謂陽明在一五〇八年覺悟以前，其活動集中在宦學與靜坐兩項。龍場之悟是後一項的成熟。使他悟及往日逐求宦學的愚蠢。但往後他對宦學的活動卻益見積極。「致良知」是找到動靜內外活動的連結點，使這些活動皆成爲心的工夫。秦女士這幾句話概括了我以下幾章的要旨。

註二　參看年譜一，正德十三年八月條。

註三　傳習錄中，答陸原靜第二書。此書屬晚年之作，引之於此，以見「本體」何指。

註四　「學術上的解釋」之說得自鄧元忠先生，參考其所著王陽明聖學探討第五章。

註五　錢德洪刻文錄敍說引陽明之言曰：「吾始居龍場，鄉民言語不通，所可語者，乃中土亡命之流耳。與之言知行之說，莫不忻忻有入。久之，并夷人亦翕然相向。及出與士夫言，則紛紛異同，反多扞格不入，何也？意見先入也。」又曰：「吾昔居滁時，見學者徒爲口耳異同之辨，無益於得，且教之靜坐。」可見知行合一說與舊說不同而引發諍辯的狀況。

註六　見全書卷二十。

註七　傳習錄下，第六十二節。

註八　傳習錄上，第三十九節。

註九　傳習錄上，第四十四節。

註一〇　陽明弟子歐陽崇一說「動則五官俱用，是爲動之物，靜則五官俱不用，是爲靜之物，動靜皆物也。」（明儒學案卷十七）解釋動靜皆物，極爲得當。

註一一　西園聞見錄卷七頁二，載有陽明三種入悟之道：「陽明先生曰：君子之學貴於得悟，悟門不開，無以徵學。入悟有三，有從言而得者，有從靜而得者，有從人情事變鍊習而得者。得于言者謂之解悟，擬議觸發，未離言詮，譬之門外寶，非己家珍。得于靜坐者謂之澄悟，收攝保聚，猶有待于境，譬之濁水初澄，濁根尚在，纔遇風波，易于淆動。得于鍊習者謂之徹悟，磨礱洗滌，到處逢源，愈震動，愈凝寂，不可得而澄淸也。根有大小，故蔽有淺深，而功有難易，善學者之所至，以漸而入，及其成功一也。夫悟與迷對，不迷所以悟也。百姓日用而不知，迷也；賢人日用而知，悟也；聖人亦日用而不知，忘也。學至于忘悟，其幾矣！」這三種悟正相當於本文所擧從討論至事上磨鍊的三階段。龍溪先生全集卷十六留別霓川漫語亦載有「師門三種入悟敎法」，唯其所言較略，「澄悟」作「證悟」。

註一二　全書卷五寄薛尙謙（按，是書陽明五十二歲時作）：「致知二字是千古聖學之秘。向在虔時終日論此，同志中尙多有未徹。近於古本序中改數語，頗發正意，然見者往往不能察。」是書又見引於年譜五十二歲條，秦家懿「獲得智慧」頁二九五，第三章注十七，亦論原序改序的原委。

註一三　見朱子語類卷十二，二十七節。

第四章　良知的體悟

第一節　從古本大學改序看致知說的提出

陽明年譜說：

（正德）十有六年辛巳，先生五十歲，在江西。是年先生始揭致良知之教。（年譜二）

陽明五十歲時正式以致良知來教學生做工夫，這時其學說又進入了一個新階段。致良知是他五十歲以後的教旨，我們可以把這段時間稱作陽明的晚年時期。上章我們討論了陽明工夫論的發展，最後歸結於提倡古本大學，以誠意之教爲中心。陽明以此給聖經一個新解釋，重新講出一套聖學工夫，來取代朱子以來的教法。陽明這誠意之教表現在戊寅四十七歲時所作的古本大學序中，我們在上章末節已討論過了。癸未，陽明五十二歲時，他依據良知新說把該序更動數字，現在陽明全書所載的就是這篇改序。（註一）我們比較這兩篇序，就歷歷分明的看出陽明中年晚年的教旨確有異同，不可混淆。

今鈔錄改序於下，並附註與原序不同之處。

大學之要，誠意而已矣！誠意之功，格物而已矣！誠意之極，止至善而已矣！「止至善之則，致知而已矣！」（按，此句原序無。）正心，復其體也；修身，著其用也；以言乎己，謂之明德；以言乎人，謂之親民；以言乎天地之間則備矣！是故至善也者，心之本體也；動而後有不善，「而本體之知，未嘗不知也。」（按，此句原序無。）意者其動也，物者其事也，「致其本體之知，而動無不善，然非卽其事而格之，則亦無以致其知。故致知者，誠意之本也；格物者，致知之實也。物格則知致意誠，而有以復其本體，是之謂止至善。」（按，原序作：「格物以誠意，復其不善之動而已矣！不善復而體正，體正而無不善之動矣！是之謂止至善。」）聖人懼人之求之於外也，而反覆其辭，舊本析而聖人之意亡矣！是故不「務」（按，原序作「本」）於誠意，而徒以格物者，謂之支；不事於格物，而徒以誠意者，謂之虛；「不本於致知，而徒以格物誠意者，謂之妄。」（按，此句原序無。）支與虛「與妄」（按，二字原序無。），其於至善也遠矣！合之以敬而益綴，補之以傳而益離。吾懼學之日遠於至善也，去分章而復舊本，傍爲之什，以引其意。庶幾復見聖人之心，而求之者其有要。噫！「乃若致知則存乎心悟，致知焉盡矣！」（按，原序作：「罪我者其亦以是矣夫！」）

根據兩序的差異，可以很清楚的看出陽明中年晚年敎旨之不同，中年是以誠意爲中心，晚年則以致知爲中心。（註二）原序中無一語提及「致知」，改序所添改的全都是有關「致知」的。原序說「不本於誠意，而徒以格物者，謂之支，不事於格物，而徒以誠意者，謂之虛」，這就是前章所討論的格物以誠意之說，誠意是主意，格物是工夫。這時誠意是主腦，是工夫的中心。改序則把「不本於誠意」的「本」字改成了「務」字，遂使誠意的地位降低。在這兩句後面又加上一句「不本於致知，而徒以格物誠意者，謂之妄」，就變成了以致知爲本。原來格物以誠意是工夫的全部，現在假如沒有致知做根本，也成了「妄」。於是我們可以說，在改序中「致知」是主意，「格物誠意」是工夫，「致知」才是主腦，中心。現在再依次將添改的部份做個簡單的說明。

改序在「大學之要，誠意而已矣！誠意之功，格物而已矣！誠意之極，止至善而已矣！」之下加了一句「止至善之則，致知而已矣！」在原序中只有一個誠意的工夫（詳細說則是格物以誠意的工夫），誠意到了極至處，則是止至善。改序中，工夫的重點則在致知。工夫的目的在止至善，說「止至善之則（則是準則之意），致知而已矣！」便是以致知爲最根本的工夫。誠意似乎是較表面，較顯見的一層，所以講大學首先接觸到；而致知却是較關鍵，較核心的一層。

改序在「至善也者，心之本體也；動而後有不善」之下加了一句「而本體之知，未嘗不知也」。原序說「動而後有不善」，正爲了下文「格物以誠意」作張本，這就是上章屢次提到的「在心之發處存天理去人欲」之意。改序加上「而本體之知未嘗不知也」，從這裡可以看出良知思想有補於舊說的不足。心發動而爲意，意如果不善，則意本身必不能自知，這時誠意就缺乏根據，成爲空談了。依照改序，則心雖發而爲意，本體之知（卽良知）却恆在。意之動如果有不善，良知就立刻知覺到。良知實在是格物以誠意的根據。

改序又以「致其本體之知，而動無不善，然非卽其事而格之，則亦無以致其知。故致知者，誠意之本也；格物者，致知之實也。物格則知致意誠，而有以復其本體，是之謂止至善」來代替「格物以誠意，復其不善之動而已矣！不善復而體正，體正而無不善之動矣！是之謂止至善」。這是對原序更動最大的地方，細揣其意，此處正是陽明以格物致知工夫代替了格物以誠意的工夫之處。依照原序，誠意是知，是主意；格物是行，是工夫。格物以誠意，就是在心之發處做存天理去人欲的工夫，心之發處無不善，就是心無不善，這就是「不善復而體正」的止至善之功。依照改序，則工夫是從本體之知推到事爲上，這是正面的，積極的由體以達用。「致其本體之知而動無不善」，本體之知是至善的自知，將這知推致出來，（註三）就能使心之發用（卽意）成爲善的，所以說「致知者，誠意之本也」。心之發用著實言之，卽是事爲。見到事爲的善，才知本體之善。假如事爲上有不善，可立卽由本體之知判別出來，遂立刻「去其不正，以全其正」，此卽透過格物工夫，而使本體之知直貫到用上，所以說「格物者，致知之實也」。格物卽事上磨鍊，透過這工夫，才能「知致意誠，而有以復其本體，是之謂止至善」。於是事上磨鍊仍然是工夫論的中心。其進於舊說之處是，舊說格物以誠意，在使「不善復而體正」，所謂「體」尙不免僅爲理論的設定。新說則以爲心體自能知覺，格物之功是貫徹至善的自知，更能表現「全體在用，全用是體」的體用相融之旨。

改序又以「乃若致知則存乎心悟，致知焉盡矣」來代替「罪我者其亦以是矣夫」。原序只表示他有別於朱子以來的講法而已。改序所言則有實質的意義。「乃若致知則存乎心悟」，配合着全文來看，其意義應該是說「心悟是致知的先決條件」。因爲至善是心之本體，良知則是「本體之知」。良知不是心要知道別的事物，而是心要知其自己，知得自己是至善的。這種心的自知就是「心悟」。有此「心悟」，這心才是一個著察的心，才能隨所發而知其善不善，然後致知才有可能。所以說「乃若自知則存乎心悟」。「致知焉盡矣」是總結的話，全文收束於此，正可看出改序的重心在致知。

古本大學改序是一篇綱領，從它我們可以看出陽明在中年晚年分別主張誠意與致知。我們可以進而問，這轉變的過程是怎樣的？轉變的契機是什麼？誠意之教是否眞有不足，以致引起這種轉變？這些問題將在下面幾節繼續的探討。

第二節　誠意之教轉變爲致良知之教的理由

陽明早年循朱子格物之教做工夫而無所得，後來在龍場受盡了患難的鍛鍊，而有格物致知之悟。龍場之悟，是他在心中對舊說長久蓄積懷疑之後，一旦悟得其非，而提出自己的新說。但陽明五十歲所揭的致良知之教，則不是這樣一朝醒悟的。致良知之教是逐漸蘊釀，經過仔細斟酌而提出的。致良知之教和誠意之教因此不是相衝突的，只是比誠意更切要直截而已。從誠意舊說也應該可以推衍出致良知之教來。這一節我們將探討致良知之教怎樣的從誠意舊說轉出。

壹　陽明講良知的遠源

「良知」出自孟子。盡心篇上：

孟子曰：人之所不學而能者，其良能也；所不慮而知者，其良知也。孩提之童，無不知愛其親者；及其長也，無不知敬其兄也。親親，仁也；敬長，義也。無他，達之天下也。（孟子集注卷十三）

良知就是與生俱來，不待學慮的愛親敬兄之心。陽明早年曾學仙釋，後來轉回儒家。轉回的契機，就是他無法割斷這良知，遂轉而肯定了良知。他能從出世轉回入世，足證其體認的深刻。

傳習錄上有一段提及良知的話：

又曰：知是心之本體。心自然會知，見父自然知孝，見兄自然知弟，見孺子入井自然知惻隱，此便是良知，不假外求。若良知之發，更無私意障礙，即所謂充其惻隱之心，而仁不可勝用矣！然在常人不能無私意障礙，所以須用致知格物之功，勝私復禮，即心之良知更無障礙，得以充塞流行，便是致其知。知致則意誠。（傳習錄上、第八節）

陽明這裡仍依據孟子來講良知，孝親敬兄、見孺子而惻隱都是孟子所舉的例子。這裡比較特殊之處是陽明把孟子的良知說放到大學的系統中去講。（註四）大學說格物致知誠意，並未說出致知的「知」就是孟子的良知。陽明講古本大學，宗旨在「格物以誠意」，古本大學原序中不曾提到致知，可見當陽明純粹講大學時，是可以不提良知的。在這條中，他把孟子的良知放進大學中，雖意識及良知對誠意的功用（知致則意誠），却不曾刻意去提倡致良知之教。

陽明對孟子良知義體認深刻，所以能由出世回到入世，又能用「良知」來解釋大學的知字。但陽明所用良知一辭的涵義要比孟子豐富的多，（註五）因爲陽明又就大學系統中另行體認出「知」的意義，但他都將其包含在「良知」這個辭彙之中。要討論陽明教旨的轉變，更重要的是探究他怎樣從誠意之教中體認出良知之義。

貳　良知從「體認天理」之義轉出

在上章，我們曾說誠意之教是在心之發處做存天理去人欲的工夫。翻閱傳習錄上卷，隨處可見陽明說存天理去人欲，可見得這是他做工夫的著力之處。陽明晚年說良知，是從說天理轉化出來的，其歷程尚可考見。

陽明曾以念念存天理來解釋立志。又有一段話形容立志工夫之緊切的：

持志如心痛，一心在痛上，豈有工夫說閒話，管閒事。（傳習錄上、第二十六節）

一心在痛上，就是念念在存天理去人欲上，絲毫不曾放捨此念的意思。但陽明後來又提到持志時，語氣却有些改變：

侃問：持志如心痛，一心在痛上，安有工夫說閒話，管閒事？先生曰：初學工夫如此用亦好。

但要使知出入無時，莫知其鄉，心之神明，原是如此，工夫方有着落。若只死死守着，恐於工夫上又發病。（傳習錄上、第九十八節）

這條是根據上條而說的，所以其時間也應較晚。陽明說「出入無時，莫知其鄉，心之神明，原是如此」，這是說心之本體原是無出無入的，事爲就是心體的表現，並不在心外；說一心在痛上而無暇說閒話管閒事，似乎把天理和言語事爲剖成兩截，放下言語事爲，只在心上死守着一個天理，所以會「於工夫上又發病」。

陽明教學生念念存天理，是希望他們不論動靜、有事無事都做工夫。但「天理」一辭就有些固定的意味，說念念存天理，持志如心痛，就容易使人在心中恆執着一個物事，而與外面的言語事爲相對立。所以陽明要用「出入無時，莫知其鄉」來把這種執著化解掉。陽明又有一段話要破這執著的：

惟乾問：孟子言執中無權猶執一。先生曰：中，只是天理，只是易。隨時變易，如何執得？須是因時制宜，難預先定一個規矩在。如後世儒者，要將道理一一說得無罅漏，立定個格式，此正是執一。（傳習錄上、第五十五節）

陽明這段話主要目的在把以道理爲固定規矩格式的觀念打破。以道理爲固定的規矩格式，就是執一。眞正的中只是天理，只是變易，是因時制宜的。

陽明提出天理這個名詞，就容易使人執一，而須要再加解釋來化解掉這種執著。但假如不提天理的話，工夫又沒有了頭腦，這也是不可以的。陽明遂用「良知」來代替天理。用良知做頭腦，能夠保有天理一辭原來的涵蘊，而不會有執一之弊。從下引一段文字中，我們可以看到陽明怎樣的以良知來取代了天理。

> 庚辰（按，是年陽明四十九歲），往虔州，再見先生。問：「近來工夫雖若稍知頭腦，然難尋個穩當快樂處。」先生曰：「爾却去心上尋個天理，此正所謂理障。此間有個訣竅。」曰：「請問如何？」曰：「只是致知。」曰：「如何致？」曰：「爾那一點良知，是爾自家底準則。爾意念著處，他是便知是，非便知非，更瞞他一些不得。爾只不要欺他，實實落落依著他做去。善便存，惡便去。他這裡何等穩當快樂，此便是格物的眞訣，致知的實功。若不靠着這些眞幾，如何去格物？我亦近年體貼出來如此分明，初猶疑只依他恐有不足，精細看無些小欠闕。」（傳習錄上、第六節）

陽明中年時教學者念念在天理上，陳九川依此爲學，所以說「稍知頭腦」。但此時陽明的宗旨已變，中年時所謂的頭腦，此時却稱之爲「理障」了。此時陽明做工夫的訣竅是「致知」，「爾那一點良知，是爾自家底準則」，這個才是頭腦。良知和天理的涵蘊是可以相通的。在第二章，我們曾根據「心卽理」，「心之靈明是知」，「知是理之靈處」諸條會通以求，來說明陽明所謂的理有知的意義。此心無私欲之蔽時就可稱之爲理，此心靈明能覺的性質就稱作知，都只是此心。只不過當我們與欲對說，或表示「恰好」之義時，我們說「理」；當我們說靈明能覺這一面時，則稱爲「知」，假如陽明認爲「天理」一詞讓人執著一個物事，要換一個能夠更恰切表達其教旨的名詞的話，他自然會用「良知」

來代替「天理」。理和知都是指心而言的，但理容易給人以固定的規矩格式的印象，而被誤認爲和心相對的物事；而知則沒有這些毛病，知是靈明，本來就不是固定的，而知一向又被認爲是心的屬性。於是，說理不如說知。

在傳習錄卷上，陽明說良知，是用孟子本來的意思，指與生俱來的愛親敬兄之心，再稍推廣說，又可以指惻隱之心。至於「心之靈明」、「理之靈處」，陽明只說「知」。以心之靈明爲良知，僅見於上引「勝私復禮，卽心之良知更無障礙」的一段。陽明將近五十歲時，用良知來代替天理，這「良知」一詞是借用孟子的，其內涵則是「心之靈明」、「理之靈處」，較孟子的原義爲豐富。陽明所以用良知一詞，因爲良是「本然之善」（朱注），良知有「本來就有之知」的意義，正好可以和一般的知區別，而專指「心之靈明」、「理之靈處」之知。

良知是就心體本身的靈明來說的，不可將它視作與心相對的對象。天理是和人欲相對而說的，彷彿還有個物事可求。但天理究竟只是心體本身，不是與心相對的，所以體認天理的工夫一層一層深入，將會感到原無可得，只是感到愈由心體本身做主宰。心體的靈明是良知，體認天理到深處就會轉成只說良知。上面所引的告陳九川工夫訣竅是如此，（註六）下面再引一段記載，其意旨也是如此。年譜正德十六年辛巳五十歲條云：

先生自南都以來，凡示學者，皆令存天理去人欲以爲本。有問所謂，則令自求之，未嘗指天理爲何如也。間語友人曰：「近欲發揮此，只覺有一言發不出，津津然如含諸口，莫能相度。」

久乃曰：「近覺得此學更無有他，只是這些子了，此更無餘矣！」旁有健羨不已者，則又曰：「連這些子亦無放處！」今經變後，始有良知之說。（年譜二）

陽明從令學者自求天理開始，逐層深入，到「只有一言發不出」、「只是這些子」、「連這些子亦無放處」，這是由體認天理而發覺原無所得的過程。雖無所得，乃能轉而立脚在心體本身上，而發揮出良知之說。於是我們可以說，良知說是體認天理工夫成熟的結果。

陽明說：「良知是天理之昭明靈覺處，故良知卽是天理。」（註七）這句話是陽明體認天理到深處的結論，陽明因此而提倡致良知之教。

叁　良知是存天理去人欲的眞幾

陽明中年誠意之教主張在心之發處做存天理去人欲的工夫，這工夫有一前提，就是必須先會判斷天理與人欲。意是心之所發，所發或善或惡，意不能自作判斷。我們能做存天理去人欲的工夫，則可以推知在意之上還有一個本體之知在做判斷。有此本體之知，而後格物以誠意的工夫才有可能。這一點，我們在上節討論大學古本改序時已經提過了。此處我們還要引用一些資料，來說明陽明怎樣從存天理去人欲的工夫中悟得良知。

今先引傳習錄上的一段話於下：

侃問：「專涵養而不務講求，將認欲作理，則如之何？」先生曰：「人須是知學講求，亦只是涵養；不講求，只是涵養之志不切。」曰：「何謂知學？」曰：「且道爲何而學，學個甚？」曰：「嘗聞先生教，學是學存天理。心之本體，卽是天理。體認天理，只要自家心地無私意。」曰：「如此，則只須克去私意便是，又愁甚理欲不明？」曰：「正恐這些私意認不眞。」曰：「總是志未切。志切，目視耳聽皆在此，安有認不眞的道理？是非之心，人皆有之，不假外求。講求亦只是體當自心所見，不成去心外別有個見。」（傳習錄上、第九十九節）

這裡所謂涵養指做工夫而言，所以薛侃以爲和講求相對，而經陽明點出知學講求是學存天理後，又悟得二者並不相對。薛侃又進一步提出疑問，謂在做存天理去人欲的工夫時（心之本體卽是天理，做工夫在克去私意），恐怕這些私意認不眞。陽明則告以若是志切，就不可能認不眞。因爲是非之心，人皆有之，不假外求，人總是可以正確的判斷出天理人欲來的。是非之心是人心本來的明睿，卽大學古本改序所謂「本體之知未嘗不知也」。陽明雖然還在講誠意舊說，却在其中透露出良知的消息了。（註八）

陽明又說：

善念發而知之而充之，惡念發而知之而遏之。知與充與遏者志也，天聰明也。聖人只有此，學者當存此。（傳習錄上、七十四節）

存天理去人欲工夫的關鍵，就是在意念發動時，卽知其爲善爲惡，而去充之或遏之。這知與充與遏，陽明稱之爲天聰明。有此聰明，存天理去人欲的工夫才能做。這裡也透露出良知的消息。

傳習錄下有一段記載陳九川依陽明之教做工夫的情形：

己卯（是年陽明四十八歲），歸自京師，再見先生於洪都。先生兵務倥傯，乘隙講授。首問近年用功何如。九川曰：近年體驗得明明德功夫只是誠意。自明明德於天下，步步推入根源到誠意上，再去不得。如何以前又有格致工夫？後又體驗，覺得意之誠僞，必先知覺乃可。以顏子有不善未嘗知之，知之未嘗復行爲證，豁然若無疑。（傳習錄下、第一節）

九川用功而體驗得明明德功夫只是誠意，這正是陽明中年教旨所在。此時只要進一步用功，就會體驗得須先知覺意之誠僞，然後誠意工夫始得而爲。這裡也透露良知的消息了。

陽明從格物以誠意的工夫中，悟得須先有個「本體之知未嘗不知也」。意念是心之發動，判斷意念之善惡的則須是心本來之知。在前文中，我們曾說陽明用孟子的「良知」一詞來指「心之靈明知覺」、「天理之昭明靈覺處」。當其與發動的意念相對時，這良知就變成天理人欲的裁判者，我們就可以說「良知只是個是非之心」。（註九）孟子說良知，又說「是非之心，知也」，從字面上看來，陽明「良知只是個是非之心」一語襲自孟子。事實上，陽明是歷經工夫曲折後才提出來的，所以此語須配合着存天理去人欲來了解，才算恰切。

陽明提出良知後，以前所謂的存天理去人欲工夫可用一個更簡切的工夫來取代，就是「致知」或「致良知」。我們回看前面所引陽明教陳九川工夫訣竅的一段，以前的格物以誠意工夫，是就意念着處來存善去惡，現在則說是依着良知的是非做去。根據良知，我們的意念所著，孰是孰非，一目了然。

照着良知實實落落去做，善便存，惡便去，便是「致知」或「致良知」。存天理去人欲和致知的內容是相同的，都是就意念着處來存善去惡。但致知顯然是把握了意念的上一層。說存天理去人欲，只是就意念著處實踐；而說致知，就是照着一個意念之上的判斷來實踐，而且這判斷是隨時隨處都在，不待躊躇思慮的。所以說致知實在是更爲具體而精確簡要。因此陽明會說：「此便是格物的眞訣，致知的實功。若不靠着這些眞機，如何去格物？」

肆　良知是事上磨鍊的根據

陽明的工夫論發展到第三階段存天理去人欲，才大體成熟。存天理去人欲更落實的說，是事上磨鍊。良知是存天理去人欲的眞機，也是事上磨鍊的根據。上段已從意念之上須有本體之知來照察這一方面來說明，本段將就動靜皆有工夫的角度繼續闡述。

傳習錄下有一段記載：

一友靜坐有見，馳問。先生答曰：吾昔居滁時，見諸生外務知解口耳異同，無益於得，姑教之靜坐。一時窺見光景，頗收近效。久之，漸有喜靜厭動，流入枯槁之病，或務爲玄解妙覺，動人聽聞。故邇來只說致良知。良知明白，隨你去靜處體悟也好，隨你去事上磨鍊也好，良知本體原是無動無靜的，此便是學問頭腦。我這話頭，自滁州到今，亦較過幾番，只是致良知三字無病。醫經折肱，方能察人病理。（六十二節）

這段話是陽明已揭致良知教後的回顧語，故從滁州靜坐一轉而爲致良知。但我們因此可看出致良知之教的提出，實是爲了相應於動時工夫。

陽明在滁州教學者靜坐自悟心體，因見其流弊，南都以後專教人存天理去人欲。存天理去人欲就是把動靜的分別打破，動靜只是「時」，心之本體原是無動無靜的。以體用而言，動靜或有事無事都是用，體則表現在用之上。在靜處用功，其弊不僅是只在一半的用上用功，更由於對體的誤解（因其以爲靜是體，動是用，才會爲了存養體而求靜），而不能收效，所以會流入枯槁或玄解妙覺。南都以後教人存天理去人欲，或事上磨鍊（廣義），才可謂隨時都在用上做工夫。

在用上做工夫，雖是具體實際了，但事爲是千變萬化的，所謂思慮運用，終日應酬，可能到日理萬幾，令人無暇靜思的地步。然而只要良知明白，再忙也有辦法做工夫。良知是心體自然之知，不待靜思卽昭然目前的。第三階段的事上磨鍊既能表現體用合一之義，雖忙碌中，每一件事都是心的表現，都有良知的昭顯，則處事之際，只要心存至誠，當下便是致良知之功。反過來說，則從事上磨鍊可以體悟到良知的恆在。梨洲說陽明江右以後「默不假坐，心不待澄，不習不慮，出之自有天則」，（註十）在完全沒有時間靜坐內省之際，只憑一副誠心應事，却發現一一無差，此卽證明良知的恆在與可憑藉。

我們又可從陽明自身的經歷來看。陽明四十二歲十月到四十三歲五月在滁州督馬政，年譜云：「地僻官閑，日與門人遨遊瑯琊瀼泉間，月夕則環龍潭而坐者數百人，歌聲振山谷」，蓋當時身居閒職，

便有教人靜坐悟心體的雅興。但四十六歲至贛以後，先在叢山峻嶺間與羣盜周旋，接着就是宸濠之變，

可以說是無時無刻不在造次顛沛之中。此時若還要講學，就必須是事上磨鍊，否則便是心與事爲二的開講了。良知說便是在造次顛沛中做工夫而體悟出來的。

第三節　轉變的過程與契機

根據上一節的討論，我們知道致良知之教是從誠意之教蘊釀出來的。年譜五十歲條說「先生始揭致良知之教」，這是說他那時才開始把致良知當宗旨來教學生，不是說他那時又有了一番良知之悟。當陽明在南都以後（四十三歲）專以存天理去人欲教學者時，就應該逐漸有良知說的蘊釀了。（註十一）這蘊釀的過程雖不可考知，根據一些材料，我們可以確知致良知之教是慢慢轉變出來的。

上節第二大段曾引年譜五十歲條「先生自南都以來，凡示學者，皆令存天理去人欲以爲本」一段，從那一段我們可以看出陽明體驗漸深，說法漸變的過程。先教人存天理，後來覺得實無可言者，只是心體的光明，最後則提出良知之說。

陽明四十七歲時，薛侃刻傳習錄，即今所傳的傳習錄上。其中雖有「勝私復禮，即心之良知更無障礙，得以充塞流行」、「知是理之靈處」等語，其基本思想則是「格物以誠意」。是年，陽明作古本大學序，亦以「格物以誠意」爲中心，無一言談及知字。

陽明四十八歲時，爲諸生講授大學，此時他已經注意良知在大學中的地位，但尚以爲和格物誠意平行，未曾特別看重。陽明告陳九川說：

但指其充塞處言之謂之身，指其主宰處言之謂之心，指心之發動處謂之意，指意之靈明處謂之知，指意之涉著處謂之物，只是一件。意未有懸空的，必著事物。故欲誠意，則隨意所在某事而格之，去其人欲，而歸於天理，則良知之在此事者無蔽，而得致矣！此便是誠意的工夫。（註十二）

這一段話就內容上說，還是格物以誠意的舊說，但其中加上「意之靈明是知」，並且稱之爲「良知」。（註十三）雖然知字是大學本文原有的，我們看到陽明在古本大學序中可以不提，此處却要提出，正可證得陽明對良知之體悟逐漸清楚。

陽明四十九歲時，告訴陳九川做工夫的訣竅，已引見於上一節的第二段中，這時陽明已經以「致知」爲工夫的中心了。陽明說：「我亦近年體貼出來如此分明。初猶疑只依他恐有不足，精細看無些小欠闕。」良知說是漸漸體會出來的，而這時他認定了以致知作工夫，更無不足。陽明這時是四十九歲，年譜說五十歲始揭致良知之教，或者是舉成數而言，或者是那時才正式宣佈爲教旨。

陽明致良知說自誠意之教中醞釀而出，而四十八、四十九歲是關鍵性的兩年。這兩年中，陽明平定了宸濠之亂，又經歷了宦官張忠邊將許泰的讒毀，（參看陽明年譜四十八、四十九歲條）（註十四）其中的憂疑畏懼不減於龍場竄逐之時。陽明自己及其後學的敍述，都把致良知說的提出歸功於這場變亂的鍛鍊。下文將試着解釋這事變怎樣促成了致良知說的提出。

陽明年譜正德十六年辛巳五十歲條云：

> 正月，居南昌。是年先生始揭致良知之教。先生聞前月十日武宗駕入宮，始舒憂念。自經宸濠忠泰之變，益信良知眞足以忘患難出死生，所謂考三王、建天地、質鬼神、俟後聖，無弗同者。乃遺書守益曰：近來信得致良知三字，眞聖門正法眼藏。往年尚疑未盡，今自多事以來，只此良知無不具足，譬之操舟得舵，平瀾淺瀨，無不如意。雖遇顚風逆浪，舵柄在手，可免沒溺之患矣！（年譜二）

陽明經過宸濠忠泰之變的磨鍊，而證明秉持良知，足以忘患難出死生。這裡首先可能會起個疑問，就是在這種造次顚沛之際，擔當重任的人應是講求權術詐謀之不暇，而良知是純屬心體上道德意義的東西，二者似乎不調和，局勢又不似可以講良知的時候。但陽明的確是在這種時節講良知之學。陽明的軍事才能，機智應變的能力，權謀手腕的運用都非常的了不起。（註十五）靠了這些，他才能夠戡平大亂，化險爲夷。但他所重視講求的不是這些，而是心體上道德上的學問。陽明在宸濠亂後，忠泰讒毀之際，遺鄒守益書，說：「自到省城，政務紛錯，不復有相講習如虔中者。雖自己舵柄不敢放手，而灘流悍急，須仗有力如吾謙之者，持篙而來，庶能相助，更上一灘耳。」（註十六）從這段文字我們可以看出，陽明在平宸濠之亂時，常在軍中抽空講學。前文所引四十八九歲時告陳九川語便是當時的記錄。（註十七）灘流悍急，舵柄不敢放手之喻，正和前引年譜中遺守益書相同，都是就道德實踐上說的。陽明曾經說：「人須在事上磨，方立得住，方能靜亦定，動亦定。」（註十八）他一向主張在事爲上做卽用明體的工夫，這時遇到一大變局，自然也是做這種工夫。只不過這局勢是特別險惡，所以用灘流悍急，舵柄在手爲喩。

其次我們可以問，這種學問對於應付危局是否眞有助益？答案是肯定的。陽明的應變，許多方面是出自他的才能魄力，但應變時的心境則是得力於講學。前面曾說「方能靜亦定，動亦定」，陽明學問所得就是這個定字。能定而後他的才能得以發揮，臨難得以應變，卒能戡平大亂。錢德洪追記陽明關於用兵的言論：

德洪昔在師門，或問用兵有術否？夫子曰：用兵何術？但學問純篤，養得此心不動乃術爾。凡人智能相去不甚遠，勝負之決，不待卜諸臨陣，只在此心動與不動之間。

陽明的這種鎭定不是稟自天賦，而是出於學力。稟自天賦的還須勉強，出於學力的才能眞的不動。德洪又記云：

又問今人有不知學問者，儘能履險不懼，是亦可與行師否？先生曰：人之性氣剛者，亦能履險不懼，但其心必待強持而後能。卽強持便是本體之蔽，便不能宰割庶事，孟施舍所謂守氣者也。若人眞肯在良知上用功，時時精明，不蔽於欲，自能臨事不動。不動眞體，自能應變無言，此曾子所謂守約，自反而縮，雖千萬人吾往者也。（征宸濠反間遺事跋，全書卷三十八世德紀附錄）

這種鎭定來自良知的自然不動。良知昭示了是非，銷融了私欲。怕死之念是私欲，不待強制，已如洪爐點雪的消失。

先生在吉安，守益趨見，曰：「聞濠誘葉芳兵夾攻吉安。」先生曰：「芳必不叛。諸賊舊以茅爲屋，叛則焚之。我過其巢，許其伐鉅木，創屋萬餘。今其黨各千餘，不肯焚矣！」益曰：「彼從濠，望封拜，可以尋常計乎？」先生默然良久曰：「天下盡反，我輩固當如此做。」益惕然，一時胸中利害如洗。（年譜二、四十八歲條）

這是在宸濠初叛，陽明部署時的一個小故事。陽明以仁義與人相結，復以仁義望人。宸濠則以利害來誘惑脅迫人。陽明的應變能力很強，遇事有處分、有逆料，如對葉芳就料定他不會反。但在根柢上陽明是主一個仁義，只問是非，不問利害。由此才敢單槍匹馬的號召勤王，在極端劣勢中也不生一絲恐懼之心。鄒守益聞陽明之言，「一時胸中利害如洗」，從這感召力的強而有力，可以推知陽明的心胸。利害不能動的根柢，就是是非見得明。所以錢德洪在陽明年譜中記載著：

後賊平，張許謗議百出，天下是非益亂，非先生自信于心，烏能遽白哉！（年譜二、四十八歲條）

陽明的學力就表現在這裡。因爲是非見得非常清楚，對自己有絕對的自信，胸中不作利害上的考慮，出入大難危疑之際，都能鎭定如恒。因爲如此，陽明才能夠建立事功，應付危局。

陽明靠對於是非的自信而渡過了難關，反過來說就是事變的磨鍊證明了「只此良知無不具足」。

良知就是是非之心，是此心此理本來恒有的靈明。陽明在大亂之起，尤其在疑謗叢生，是非淆亂時，完全要靠這個自信，這是完全無法外求的。因爲它是患難時的主宰，所以說「益信良知眞足以忘患難出死生」。（註十九）因爲它完全是心體自己，非由外來，所以說是「古今人人眞面目」。因爲在是非淆亂之際可以完全信賴它，所以它是絕對正確的，可以說「考三王、建天地、質鬼神、俟後聖，無弗同者」、「眞聖門正法眼藏」、「實千古聖聖相傳一點滴骨血也」。（註二十）

在上一章我們曾說明陽明的龍場之悟是知聖人只是在身心上做。然後我們再用卽用以明體來說明他做工夫都爲了明這個心體。經過宸濠忠泰之變，我們可以說他已經明得了這個心體。心體卽天理、良知。從這一路下來，我們可以看到陽明學問的進展和成熟。

【附註】

註一　見全書卷七。

註二　以誠意與致良知來區分陽明中晚年思想的，最早可追溯到羅整菴。困知記三續二十章，引陽明古本大學原序，來說明陽明講大學原主誠意，無一語言及良知。整菴意在斥責良知說近禪，遂舉出陽明中年思想來攻擊良知說。這說法可以啓示我們陽明中晚年教旨分野所在。其後又有劉蕺山，常說：「陽明子曰：大學之道，誠意而已矣！而解誠意仍作第二義，以遷就其致良知之旨，無乃自相矛盾。」此語劉子全書屢見，由此綫索亦可區分出陽明的兩種教旨。現代學者亦多有做此區分的，日本學者山下龍二把陽明思想分成三期：㈠迷惘的前半生㈡知行合一說的提倡㈢致良知說的提倡。第二點和誠意之教可相通。（中國思想研究㈢儒家思想，第三章第六節，王陽明。一六四—一七六頁）我不過多舉例子來說明分析這種轉變罷了。

註　三　朱子大學章句：「致，推極也。推極吾之知識，欲其所知無不盡也。」陽明沿用推極之義，故其晚年口述大學問云：「致者，至也，如云喪致乎哀之致。」

註　四　陽明的弟子錢德洪卽持此看法。見王文成公全書序：「惟文成公奮起聖遠之後，慨世之言致知者，求知於見聞，而不可與酬酢，不可與佑神。於是取孟子所謂良知，合諸大學，以為致良知之說。」

註　五　詹秀惠：孟子與王陽明的良知說（孔孟學報第三十四期，六三—八十頁）第一段說明孟子雖開啓良知說的先聲，但良知只指仁義善性那種不慮而知的性質，並未獨立成為一主要宗旨。孟子也未說是非之心是良知。

註　六　引文自「爾意念著處」以下的部份，當待本節子題「參」時再討論。

註　七　傳習錄中：答歐陽崇一書。類似的話還可見於同卷答顧東橋：「吾心之良知，卽所謂天理也。」答聶文蔚二：「蓋良知只是一個天理自然明覺發見處，只是一個眞誠惻怛，便是他本體。」

註　八　全書卷七贈鄭德夫歸省序也注意到人心本然的是非之心：「曰：是與非孰辨乎？曰：子無求其是非於講說，求諸心而安焉者是矣！曰：心又何以能定是非乎？曰：無是非之心，非人也。口之於甘苦也，與易牙同；目之於姸媸也，與離婁同；心之於是非也，與聖人同。」按，是書作於乙亥，陽明四十四歲時，可見良知說蘊釀的狀況。

註　九　傳習錄下，第八十八節。

註一〇　明儒學案卷十：王陽明傳。

註一一　黃梨洲為徐愛作傳，謂：「其後與陽明同官南中，朝夕不離。……先生記傳習初卷，皆是南中所聞，其於致良知之說，固未之知也。然錄中有云：知是心之本體，心自然會知，見父自然知孝，見兄自然知弟，見孺子入井自然知惻隱。此便是良知。使此心之良知充塞流行，便是致其知。則三字之提，不始於江右明矣！但江右以後，以此為宗旨耳！」（明儒學案卷十一）可見致良知之教在南都卽開始蘊釀。

註一二　傳習錄下，第一節。按，此節云：「己卯，歸自京師，再見先生於洪都。」己卯年陽明四十八歲。

註一三　傳習錄上也說「意之本體便是知」（第六節），但並未用「良知」這名辭。其所謂良知蓋依孟子舊義指愛親敬兄之知而言。

註一四　陽明被讒的事實，可參看陸澄：辯忠讒以定國是疏，徐階：陽明先生畫像記，蔡文：平寧藩事略。（皆見全書卷三十八世德紀二）其事實最簡略的說，爲一、始與寧府交通，後知事不可成，因人力從而翦之，以成厥功。二、寧府財寶山積，兵入其宮，悉取以歸。翁咸新：王陽明功業及其遭誣始末（暢流第五十三卷第八期，四八—五二頁）謂武宗身旁的佞臣唯恐陽明揭發他們交通寧王的罪行，故聯手設計陷害陽明。其說蓋根據明通鑑：「初，守仁上宸濠反書，因請黜奸諛。諸嬖倖恨甚，及事平，又欲相與媢功，且懼守仁發其罪，競爲蜚語。」（卷四八，世界書局本八〇九頁）

註一五　陽明的將略參考年譜與靖亂錄。總結起來，陽明用兵之長有四：「組織、反間、連坐、奇襲」。

註一六　年譜二，正德十五年，先生四十九歲，九月條。

註一七　年譜二，正德十四年，先生四十八歲條亦有邊講學邊處分事情的記錄：「先生入城（按，指收復南昌），日坐都察院。開中門，令可見前後，對士友論學不輟。報至，即登堂遣之。有言伍焚鬚狀，暫如側席，遣牌斬之。還坐，衆咸色怖，驚問。先生曰：適聞對敵小卻，此兵家常事，不足介意。後聞濠已擒，問故，行賞訖，還坐。咸色喜驚問。先生曰：適聞寧王已擒，想不僞，但傷死者衆耳。理前語如常。傍觀者服其學。」其中所謂「伍焚鬚」，可參看明史紀事本末卷四十七：「丙辰，并力合戰，官兵敗死者數百人，伍文定急斬先卻者以徇，身立礮銃間，火焚其鬚鬢不移足。士殊死鬭，兵復振，礮及宸濠舟，賊遂大敗，擒斬二千餘級，溺水死者甚衆。」（三民書局本四八九頁）

註一八　傳習錄上，第二十四節。

註一九　秦家懿「獲得智慧」第四章之首，謂良知的發覺，一方面是宸濠亂後讒毀中保持自信的根據，一方面是以誠意釋格物尚不能滿人意後，所提出來的。

註二〇　見年譜二，五十歲條。滴骨血是古人驗明眞子孫的辦法，洗寃錄：「檢滴骨親法，謂如某甲是父或母，有骸骨在。某乙來識親生男或女。何以驗之？試令某乙就身刺一兩點血滴骸骨上，是的親生，則血沁入骨內，否則不入。俗云滴骨親，蓋謂此也。」

第五章　朱王異同—知識工夫與事上磨鍊

第一節　知行的關係

陽明早年曾循朱子之教而無所得，於是另闢一條成聖的途徑。陽明成學的歷程即是他擺脫朱子的歷程。他敬愛朱子，不願多做批評，甚至輯朱子晚年定論來證明他與朱子未嘗有異。但他和朱子的不同終是不可掩，而且唯有透過這些不同才能顯出其學的特色。當時學界仍多爲朱子之學者，他們不能同意陽明的新說，遂致書諍辯，而陽明亦答辯無礙。傳習錄中收有陽明答顧東橋書，是這種辯論的代表作。今取之以說明朱王異同。顧東橋的觀點雖依據朱子，但朱子實是更圓融，包含力更大。我們討論時，將把顧東橋的觀點再擴大一些，變成朱子的觀點。

首先討論誠意之說是否近禪。顧東橋說：

近時學者，務外遺內，博而寡要，故先生特倡誠意一義，針砭膏肓，誠大惠也。但恐立說太高，用功太捷，後生師傳，影響謬誤，未免墜於佛氏明心見性定慧頓悟之機，無怪聞者見疑。

顧東橋以誠意爲陽明的宗旨，並且懷疑誠意近似禪悟。陽明的誠意之教是救正「近時學者務外遺內博而寡要」之弊的。這弊病就是專務於知識技能（所謂外、博）的追求而忽略了身心（所謂內、要）。陽明矯其弊，而專在身心上做工夫。修身的工夫在於正心，正心的工夫在於誠意，所以陽明提倡誠意之教。就體用之辨來說，陽明是放下致用的追求，而專做明體工夫。專做明體工夫，是顧東橋稱讚陽明「針砭膏肓，誠大惠也」之處，却也是他懷疑「立說太高，用功太捷」之處。大概顧東橋懷疑明體上沒有工夫可做，只是一個原來就有的心性，明白了其自己而已，這只是悟，不是工夫，所以說「未免墜於佛氏明心見性定慧頓悟之機」。

陽明回答顧東橋的疑問，說：

區區格致誠正之說，是就學者本身日用事爲間，體究踐履，實地用功，是多少次第，多少積累在，正與空虛頓悟之說相反。

陽明反駁顧東橋，說他自己其實是最重視實地工夫，與空虛頓悟之說正相反。在這兩段問答中，我以爲顧東橋之疑問非是，而陽明的反駁才是對的。顧東橋懷疑誠意是立說太高，用功太捷，事實上陽明是「格物以誠意」，「誠意之功只是箇格物」，講格物就是事上磨鍊。顧東橋懷疑明體上無工夫可做，惟待一悟，事實上陽明是「卽用以明體」，在事爲上做明體的工夫，而不是依賴一個悟。

陽明先有一番體用之辨，放下了外在的知識技能，而專在身心上做工夫。再進一層，在這身心之「體」上又可以分體用，以心性爲體，以外顯的事爲動作爲用。在這一層次上，陽明並沒有放下了用而唯主明體，而是非常的重視用，處處就用上做明體的工夫。這第二層次上卽用以明體的工夫就是陽明所說的「格物」。顧東橋知道陽明的體用之辨，但他只見陽明在第一層次的棄用而明體（棄知識技能而講求身心），未見陽明在第二層次的卽用以明體（格物以誠意）。於是他以爲明體就是「明心見性定慧頓悟」，其實陽明並不如此。陽明所謂「格物」，是就第二層次而說的，是身心上的工夫，就是這裏所說的「就學者本心日用事爲間，體究踐履，實地用功」，而不是獨立於身心之外的知識技能的追求。陽明的格物就是明體的工夫。

以下論知行關係，顧東橋說：

所喩知行並進，不宜分別前後，卽中庸尊德性而道學問之功，交養互發，內外本末，一以貫之之道。然工夫次第，不能無先後之差，如知食乃食，知湯乃飲，知衣乃服，知路乃行，未有不見是物，先有是事。此亦毫釐倏忽之間，非謂有等今日知之，而明日乃行也。

陽明答：

既云交養互發，內外本末，一以貫之，則知行並進之說，無復可疑矣！又云工夫次第，不能不無先後之差，無乃自相矛盾已乎？知食乃食等說，此尤明白易見。但吾子爲近聞障蔽，不自察耳！夫人必有欲食之心，然後知食，欲食之心卽是意，卽是行之始矣！食味之美惡，必待入口而後知，豈有不待入口，而已先知食味之美惡者邪？必有欲行之心，然後知路，欲行之心卽是意，卽是行之始矣！路歧之險夷，必待身親履歷而後知，豈有不待身親履歷而已先知路歧之險夷者邪？知湯乃飲，知衣乃服，以此例之，皆無可疑。若如吾子之喻，是乃所謂不見是物，而先有是事者矣！吾子又謂此亦毫釐倏忽之間，非謂截然有等今日知之，而明日乃行也。是亦察之尚有未精，然就如吾子之說，則知行之爲合一並進，亦自斷無可疑矣！

這段問答中，我以爲兩人各有立場，於是不能相喻。我將不論斷誰是誰非，而只說明並加以比較。顧東橋的立場大致是朱子的，我將引用朱子的話，將它化爲朱子的立場，因爲朱王異同才是大家所關心的學術公案。

雙方立場最簡單的說明是：朱子主張先知後行，也主張知行並進，但未說到知行合一這一層；陽明則說知行合一這一層。因此，這一段問答中，我們可以看到顧東橋並未否認知行並進之說，但陽明的回答：「然就如吾子之說，則知行之爲合一並進，亦自斷無可疑矣！」却加上了「合一」兩個字，這裏最易看出兩人的不同。

我們先看朱子的主張。顧東橋說：「然工夫次第，不能無先後之差，如知食乃食，知湯乃飲，知衣乃服，知路乃行，未有不見是物，先有是事。」這就是朱子知先行後之說。今引朱子語類一段話於下：

王子充問：某在湖南見一先生，只教人踐履。曰：義理不明，如何踐履？曰：它說行得便見得。曰：如人行路，不見，便如何行？今人多教人踐履，皆是自立標致去教人。自有一般資質好底人，便不須窮理格物致知。聖人作箇大學，便使人齊入於聖賢之域。若講得道理明時，自是事

> 親不得不孝，事兄不得不弟，交朋友不得不信。（語類卷九、第三十四節）

所謂知先行後，就是先明義理然後踐履的意思。這是可以用常識證實的原則，譬如行路，要先見得路了才能去行。此卽顧東橋「知食乃食」之說。說到道德實踐上，就須先講學使得道理明白，譬如知道了事親必須要孝，事兄必須要弟，在行爲上自然事親不得不孝，事兄不得不弟。朱子回答王子充之問，說「自有一般資質好底人，便不須窮理格物致知」，這些資質好的人是不待講學就已明白了道理，於是只須講踐履卽可。他們的踐履還是知之在先的，並不能因此就否定了先知後行的原則。

朱子主張先知後行，又主張知行並進。如云：

> 知與行工夫須著並到。知之愈明，則行之愈篤。行之愈篤，則知之益明。二者皆不可偏廢。如人兩足相先後行，便會漸漸行的到。若一邊軟了，便一步也進不得。然又須先知得方行得。（語類卷十四、第一百六十九節）

知行並進，就是不止於先知後行，還包括了先行後知，所謂「行之愈篤，則知之益明」者是也。語類又有一段：「論知之與行。曰：方其知之而行未及之，則知尙淺。旣親歷其域，則知之益明，非前日之意味。」行以前已先有知，但行後的知才是眞正的明白。譬如我們眞正行孝弟了，對孝弟之知的體認才會深刻，不復是口說時的意味。

知先行後和知行並進二說可能的矛盾，就是知行並進包含了行先知後的說法，而和知先行後之說相反。這矛盾的化解之道，乃在知二說各有所指，並不相妨。知先行後是就一事而言，知行並進是就整個過程而言的，故云：

夫泛論知行之理，而就一事之中以觀之，則知之爲先，行之爲後，無可疑者。然合夫知之淺深，行之大小而言，則非有以先成乎小，亦將何以馴致乎其大者哉？（朱子大全卷四十二）

就一事而言，如事親、事兄、吃飯、飲湯、穿衣、行路，都可以說是先知才能行。但我們假如從過程與淺深的觀點來看，又可以說爲知行並進，不但是先知才能行，又是行了以後知之益深。於是我們可以歸結朱子的觀點爲：知是行的依據，行又是知的基礎，二者輾轉相發，而臻於大且深之境。（註一）

知行並進之說，陽明與朱子相同。陽明批評顧東橋的論點說：「旣云交養互發，內外本末，一以貫之，則知行並進之說，無復可疑矣！又云工夫次第，不能不無先後之差，無乃自相矛盾已乎？」這就是前面所提出的朱子知先行後與知行並進的似矛盾，而其實並非眞正矛盾。陽明的主張，在知行並進這一點上與朱子並無不同。陽明說：「食味之美惡，必待入口而後知，豈有不待入口而已知食味之美惡者邪？…路歧之險夷，必待身親履歷而後知，豈有不待身親履歷而已先知路歧之險夷者邪？」這就是朱子「行之愈篤，則知之益深」的意思。

朱王都講知行並進，於是朱子論知行關係處，有許多地方很像陽明。朱子講學最重大學格物之教，因此很容易給人以重知輕行的印象。陽明誠意之教爲矯「近時學者務外遺內博而寡要」之弊，但這只是當時學者沭朱失眞，朱子本人並不是如此的。朱子最重大學，但又認爲其先應有一段小學的工夫，小學旣廢，則當補上敬的工夫。故云：

古者小學已自暗養成了，到長來已自有聖賢坯模，只就上面加光飾。如今全失了小學工夫，只得教人且把敬爲主，收斂身心，却方可下工夫。（語類卷七、第九節）

小學和敬都是屬於行的。於是朱子所特重的格物工夫是立基在行之上的。朱子又說：

如公昨來所問涵養致知力行三者，便是以涵養做頭，致知次之，力行次之。不涵養則無主宰，如做事須用人，纔放下，或困睡，這事便無人做主，都由別人，不由自家。既涵養，又須致知；既致知，又須力行。若致知而不力行，與不知同，亦須一時並了，非謂今日涵養，明日致知，後日力行也。（語類卷一一五、第二十六節）

涵養其實也屬於行，可稱爲知前的行，而「力行」則爲既知以後的行。可見朱子以行爲知的基礎，再以知爲行的依據，輾轉益臻深厚博大之境。

朱子最重視行，但其爲學與教人，畢竟在知上的工夫爲多。其理由或可根據下引一條來說明：

今須先正路頭，明辨爲己爲人之別，直見得透，却旋旋下工夫，則思慮自通，知識自明，踐履自正，積日累月，漸漸熟，漸漸自然。若見不透，路頭錯了，則讀書雖多，爲文日工，終做事不得。（語類卷一一四、第十六節）

朱子所謂「先正路頭，明辨爲己爲人之別，直見得透」，和主敬、小學、涵養一樣，是屬於知以前的工夫。朱子以爲讀書「須是將身心做根柢」（語類卷一一三、第二節），主敬小學涵養都是在身心上做工夫，爲己爲人之辨也是爲了收斂於身心，以身心爲學問的主宰。我們看這一段話，就可以知道爲學雖是先須正路頭，先自做主宰，如陸象山常引用孟子的「先立乎其大者」，但朱子卻認爲這是一個大基礎的奠定，是教人如此存心，這是不必費很大工夫的。如此處的「見得透」，是在觀念上當下就可決定的，如小學是在小時就學好的，如敬則是時時心存收歛，不是另當一件事來做的等等。有這大基礎後，才要「旋旋下工夫」，這就是格物致知。所以朱子論學，格物致知雖是第二步，却是最佔地位，分量最多的工夫。

假如因爲格物致知最佔地位分量，就只講格物致知而忽略了行，也不是朱子所允許的，下引一段話可見：

問：往前承誨，只就窮理說較多。此來如尊德性致廣大極高明上一截數數蒙提警，此意是如何？曰：已前也說了，只是夾雜說。如大學中亦自說。但覺得近日諸公去理會窮理工夫多，又自漸漸不著身己。（語類卷二四，第二十五節）

朱子以往也說尊德性等上一截的話，但只是夾雜說，而窮理工夫則專門提出來說，可見朱子原來以爲尊德性是立基礎，是存心之事，不必費許多話。窮理則是旋旋去下的工夫，故專門提出來說。但是基礎終不可不立，故當學者只窮理而不切己時，他還是要專門提出尊德性來提醒他們的。

朱子和陽明在知行並進這一點是相同的，兩人的歧異，蓋在更深一層的知行合一的問題。在朱子，雖然知與行的關係極爲密切，但仍然可以視作二個獨立的工夫。譬如涵養致知力行三者雖相關連，却是層次井然。在陽明，則知與行只是一個工夫，陽明主張心卽理，這個工夫就是使心或理自明的一個過程。

今各引朱子和陽明的一段話於下，以見兩人的不同。朱子說：「知與行工夫須著並到。知之愈明，則行之愈篤。行之愈篤，則知之益明。」而陽明則說：「知是行的主意，行是知的工夫；知是行之始，行是知之成。若會得時，只說一箇知，已自有行在；只說一箇行，已自有知在。」在朱子，知行是兩個工夫的輾轉增益。在陽明，知行只是一個工夫的首尾，甚至可以只提一個，就包含了另一個。舉實例來說，陽明答顧東橋說：「夫人必有欲食之心，然後知食。欲食之心卽是意，卽是行之始矣！食味之美惡，必待入口而後知，豈有不待入口，而已先知食味之美惡者邪？必有欲行之心，然後知路，欲行之心卽是意，卽是行之始矣！路歧之險夷，必待身親履歷而後知，豈有不待身親履歷而已先知路歧之險夷者邪？」這是知行合一之例。「夫人必有欲食之心，然後知食」，從朱子的觀點說，欲食之心是知道食的必要，有要食的欲望，這是「知之愈明，則行之愈篤」中知的階段，不能說是行。但陽明則說：「欲食之心卽是意，卽是行之始矣！」至於「食味之美惡，必待入口而後知，豈有不待入口，而已先知食味之美惡者邪？」這是朱王同有的知行並進之說。但陽明的意思要更進一步，朱子只謂「行之愈篤則知之益明」，而陽明則有「行是知之成」之意。

朱子與陽明在知行合一這一點上是不能相喻的，所以顧東橋云：

「眞知卽所以爲行，不行不足謂之知」。此爲學者喫緊立教，俾務躬行則可。若眞謂行卽是知，恐其專求本心，遂遺物理，必有闇而不達之處，抑豈聖門知行並進之成法哉？

而陽明答云：

> 知之眞切篤實處卽是行，行之明覺精察處卽是知。知行工夫本不可離。只爲後世學者分作兩截用功，失却知行本體，故有合一並進之說。眞知卽所以爲行，不行不足謂之知。卽如來書所云，知食乃食等說可見，前已略言之矣！此雖喫緊救弊而發，然知行之體，本來如是，非以己意抑揚其間，姑爲是說，以苟一時之效者也。

顧東橋雖然主張知行並進，但還是以爲知行各有工夫，所以反對「行卽是知」。陽明則明白的說「行卽是知」，「知之眞切篤實處卽是行，行之明覺精察處卽是知」，把知行說成一個工夫。

陽明以知行爲一個工夫，因爲他見得一個「知行本體」，這知行本體就是「此心無私欲之蔽便是天理」的本心。知行合一的根據是心卽理，顧東橋認爲陽明的知行合一是失却了知的工夫，所以說他「專求本心，遂遺物理」。但陽明則認爲心卽理，不必另外做個求理的工夫，此心純粹無雜的表現就是理，而使此心純粹無雜的表現出來的過程，就是知行合一的工夫。

顧東橋說：「所釋大學古本，謂致其本體之知，此固孟子盡心之旨。朱子亦以虛靈知覺爲此心之量。然盡心由於知性，致知在於格物。」這是根據朱子而說的。虛靈知覺是此心之量，但必須經過窮理的工夫，才能盡此心之量，此卽格物補傳中所謂的「衆物之表裏精粗無不到，而吾心之全體大用無不明矣」的境界。如果把「物」換成「性」，又成了朱子對盡心知性的解釋了。

陽明回答顧東橋的疑問，用知行合一的觀點把盡心知性章重新做了一番解釋。總之，陽明拒絕了朱子先知後行的觀點，而視知行爲一個心體自明的過程。

根據以上三段的討論，我們似乎可以看出朱王之間有一個根本上的歧異。顧東橋對陽明不滿，主要在陽明沒有一個獨立的知的工夫。所以說「工夫次第不能無先後之差」，「恐其專求本心，遂遺物理，必有闇而不達之處」，「盡心由於知性，致知在於格物」。而陽明的回答却根本不承認這是個缺失。陽明認爲知行是同一個工夫，指心體自明的過程而言。陽明這個觀點是他自中年提出心卽理說及知行合一說以來一貫執持的。陽明晚年又有良知說，我們還須進一步看陽明怎樣用良知說來回答顧東橋的質問，以了解朱王在知行問題上異同的全貌。

陽明中年的知行合一說，可以換言爲格物以誠意之教，又可換言爲事上磨鍊之教。良知的體悟並非摒棄中年的工夫論，而是指點出事上磨鍊的「頭腦」，存天理去人欲的「眞幾」，使得心體更能親切直接地被掌握，而在工夫上愈得表現出體用的直貫與渾融。

我們在前面敍述朱子知行關係論時，曾說知先行後是可以用常識證實的原則。其實陽明的知行合一說，就一事以觀，也還是合於這原則的，如知食乃食之說，陽明也是承認的，只不過他又以爲知已是行而已。然而檢討他中年的知行合一說，對「頭腦」、「眞幾」的掌握尚未透徹，則知行合一說中知的比重未免稍輕。此外，旣以知行合一爲心體自明的過程，事上工夫透徹了，心體始明，又像變成了行先知後。良知說的提出則可以彌補這個不足。以良知說爲根據，再來說「知是行之始，行是知之成」時，這知已是徹底之知，明朗的心體，而行就是表現到事爲之上，仍須去其不正以全其正，使良知得以暢遂。在陽明提出良知說後，我們才可使朱王並立於知先行後的立場上。

同在知先行後的原則下，我們可以爲朱王做個比較，我們可以看到，朱子有一段獨立的知識工夫，而後再依所知去行；陽明只須依良知去行，而不須要知識工夫。以下幾段的辯論都可以用這個區別去解釋。

顧東橋說：

聞語學者，乃謂卽物窮理之說，亦是玩物喪志。又取其厭繁就約，涵養本原數說，標示學者，指爲晚年定論，此亦恐非。

陽明答云：

朱子所謂格物云者，在卽物而窮其理也。卽物窮理，是就事事物物上求其所謂定理者也。是以吾心而求理於事事物物之中，析心與理而爲二矣！夫求理於事事物物者，如求孝之理於其親之謂也。求孝之理於其親，則孝之理其果在於吾之心邪？抑果在於親之身邪？假而果在於親之身，則親沒之後，吾心遂無孝之理歟？見孺子之入井必有惻隱之理，是惻隱之理果在於孺子之身歟？抑在於吾心之良知歟？其或不可以從之於井歟？其或可以手而援之歟？是皆所謂理也。是果在於孺子之身歟？抑果出於吾心之良知歟？以是例之，萬事萬物之理，莫不皆然。是可以知析心與理爲二之非矣！夫析心與理而爲二，此告子義外之說，孟子之所深闢也。務外遺內，博而寡要，吾子旣已知之矣！是果何謂而然哉？謂之玩物喪志，尙猶以爲不可歟？

陽明爲辯朱子卽物窮理之說，而舉例說明理不在事事物物之上，而在吾心之中。這心卽理的意義，第二章中已有詳細的討論，這裏將從另一個觀點來討論。

在事事物物上求定理，就有一段知識工夫在其中，因爲這時心是虛靈知覺，而理在事物之上，以心求理乃是知識的過程。但在陽明，則理在吾心之良知，不必再求，於是這段知識工夫就成爲不必要的。所以陽明會批評朱子的卽物窮理爲「務外遺內，博而寡要」，「玩物喪志」。

陽明繼云：

若鄙人所謂致知格物者，致吾心之良知於事事物物也。吾心之良知，卽所謂天理也。致吾心良知之天理於事事物物，則事事物物皆得其理矣！致吾心之良知者，致知也；事事物物皆得其理者，格物也。是合心與理爲一者也。合心與理而爲一，則凡區區前之所云，與朱子晚年之論，皆可以不言而喻矣！

朱子晚年定論一書的是非姑且不論。這裏我們要看陽明怎樣說致知格物。在第四章裏，我們曾說對心卽理之義做深一層的體認，就會有良知卽天理之說。現在就朱王之辨而言，良知卽天理之說也要比心卽理之說更能表現陽明的特色。良知是本來就有的善的知覺，不必經由知識工夫自外攝取。

道德實踐的內容，不外知與行二者。朱子的學問絕大部份都是緊扣着道德實踐而做的。陽明遠離朱子而自創新說，也是以緊切於道德實踐爲著眼點的。要比較朱王兩人的異同，就要看兩人怎樣的說知行。朱子與陽明都最重視大學，今就大學中的致知格物來看兩人怎樣的說知行。

朱子說致知格物，完全是知識的工夫，誠意以下才是行的工夫。朱子雖然極重視行，但既以爲知的清楚則行之省力，其工夫有八九分都放在致知格物上。但在陽明，則致知格物是卽知卽行的工夫。因爲既有良知，就不必再做知識工夫，卽知卽行方是工夫。陽明解釋致知格物爲「致吾心良知之天理於事事物物，則事事物物皆得其理矣！」良知之天理是不待外求而已經在我，致知只是照着良知之天理貫徹到事物之上而已。格物則是事事物物都照着良知之天理去行，能如此，則事事物物皆得其理。這卽知卽行的工夫仍不外於事上磨鍊，只是更得頭腦而已。於是我們可以說，朱子的工夫重心在知識，陽明則在事上磨鍊。

第二節　明體的工夫

朱子所以要有知識工夫，並不是眞以爲未經知識工夫，心就虛空無理，完全不知怎樣去行。朱子也有類似良知的認識，但他却不肯在未做知識工夫之前，便依心之知覺去做，這是因爲他以心爲氣，而氣總有拘蔽的可能。做過知識工夫後，理才會明，才能超越氣的拘蔽。顧東橋說：

人之心體，本無不明；而氣拘物蔽，鮮有不昏。非學問思辨，以明天下之理，則善惡之機，眞妄之辨，不能自覺。任情恣意，其害有不可勝言者矣！

顧東橋的論點就是朱學所以看重知識工夫的重要理由。

陽明的答覆，首先對學問思辨做解釋。因爲學問思辨是中庸裏的話，顧東橋引用來說明先知後行，陽明須重做解釋，而後可以辯駁顧東橋的說法。陽明說：

學之始，固已卽是行矣！篤者，敦實篤厚之意。已行矣，而敦篤其行不息其功之謂爾。蓋學之不能以無疑，則有問，問卽學也，卽行也。又不能無疑，則有思，思卽學也，卽行也。又不能無疑，則有辨，辨卽學也，卽行也。辨既明矣，思既愼矣，問既審矣，學既能矣，又從而不息其功焉，斯之謂篤行，非謂學問思辨之後而始措之於行也。是故以求能其事而言，謂之學；以求解其惑而言，謂之問；以求通其理而言，謂之思；以求精其察而言，謂之辨；以求履其實而言，謂之行。蓋析其功而言，則有五；合其事而言，則一而已。此區區心理合一之體，知行並進之功，所以異於後世之說者，正在於是。

陽明解釋學問思辨行，謂「合其事而言，則一而已」。這一就是此一心體自明的過程，所以說是「心理合一之體，知行並進之功」。學問思辨只是這自明過程中隨着所遇疑難而下的工夫。所以學問思辨雖然是知的工夫，却附屬於心體自明的行的過程。學問思辨本身又是一種行爲，經過學問思辨的行爲才能達到明白的境地。陽明因此能否定了以學問思辨爲純知識工夫的說法。

顧東橋論點的重心，在說明卽使心體本善，人的氣拘物蔽亦將使善惡之機，眞妄之辨不明，因此需要知識的工夫。但依陽明的思想，實無所謂氣質拘蔽這個東西，因此不需要做知識工夫。陽明只提到物欲的障蔽，去除這障蔽，只要無私心就可以了，亦不需要知識工夫。

朱子論氣質之蔽，如下引一段可見：

> 人之性皆善，然而有生下來善底，有生下來便惡底，此是氣稟不同。且如天地之運，萬端而無窮，可見者，日月清明，氣候和正之時。人生而稟此氣，則爲清明渾厚之氣，須做箇好人。若是日月昏暗，寒暑反常，皆是天地之戾氣。人若稟此氣，則爲不好底人，何疑？人之爲學，却是要變化氣稟。然極難變化。如孟子道性善，不言氣稟，只言人皆可以爲堯舜。若勇猛直前，氣稟之偏自消，功夫自成，故不言氣稟。看來吾性既善，何故不能爲聖賢？却是被這氣稟害。如氣稟偏於剛，則一向剛暴；偏於柔，則一向柔弱之類。人一向推托道氣稟不好，不向前，又不得。一向不察氣稟之害，只昏昏地去，又不得。須知氣稟之害，要力去用功克治，裁其勝而歸於中，乃可。濂溪云：性者，剛柔善惡中而已。故聖人立敎，俾人自易其惡，自至其中而止矣！責沈言：氣質之用狹，道學之功大。（語類卷四、第六十節）

因爲人生來稟賦的氣質不同，人與人有剛柔善惡的差異。每個人的爲學都是面對着自己氣質的偏勝處而下工夫，使其歸於中正。心知屬氣，可能本身就在氣質的拘蔽之中，而不能自覺，這就是顧東橋所謂「氣拘物蔽，鮮有不昏」。因此須要透過道學的工夫，求得超乎氣質的理，再依據理來用力克治，裁其勝而歸於中。於是我們可以知道，朱子既然重視天生就有的氣質上的拘蔽，其用功方向將傾於用知識工夫來求理。

但在陽明，却沒有氣質拘蔽這個觀念。顧東橋提出的問題是「氣拘物蔽」，在陽明觀念裏，會成爲本心障蔽的只有私欲，氣質是不成爲問題的。（註二）陽明不從宇宙論的構成來論人，於是沒有氣稟厚薄的問題。陽明只從身心的自反來立論，這心是不分孰爲理孰爲氣的心，只是依着良知的自覺而照察這心是合理的，或爲私欲所障蔽的而已。爲氣稟所限，則需要知識的工夫；爲私欲所蔽，則只需要良知的自反。陽明回答氣拘物蔽的問題，說：

今必曰窮天下之理，而不知反求諸其心，則凡所謂善惡之機，眞妄之辨者，舍吾心之良知，亦將何所致其體察乎？吾子所謂氣拘物蔽者，拘此蔽此而已。今欲去此之蔽，不知致力於此，而欲以外求，是猶目之不明者，不務服藥調理以治其目，而徒倀倀然求明於其外。明豈可以自外而得哉？任情恣意之害，亦以不能精察天理於此心之良知而已。此誠毫釐千里之謬者，不容於不辨，吾子毋謂其論之太刻也。

陽明認爲善惡之機，眞妄之辨是要靠良知去體察的，其前提就是他對氣拘物蔽（主要是氣拘）的體認不同於朱子。陽明說：「吾子所謂氣拘物蔽者，拘此蔽此而已。」「此」是指良知而說的。朱子說氣稟之拘，是從宇宙論的構成來說的，有一個實在的氣質障蔽的意義；但陽明仍是從此心的自反來說，當其自反而覺得良知受到拘蔽，就說這是氣拘物蔽，其語意重在良知不能暢達光輝，而不在是否實在有個如何如何的氣質障蔽著。於是陽明的工夫只是自覺此心的良知，使它暢達光輝。所以陽明說欲去此之蔽當致力於此，其意蓋謂只須推致良知，使之更暢達光輝而已。（註三）

第三節　達用的工夫

以下幾段的辯論，顧東橋舉出致用的方面，來證明知識工夫的不可缺少。而陽明則以爲這些都須依賴良知的作用。顧東橋的意見不卽是朱子的意見，朱子實是更圓融一些，但朱王畢竟可以知識與良知而區分。

顧東橋說：

教人以致知明德，而戒其卽物窮理，誠使昏闇之士，深居端坐，不聞教告，遂能至於知致而德明乎？縱令靜而有覺，稍悟本性，則亦定慧無用之見，果能知古今，達事變，而致用於天下國家之實否乎？

顧東橋主張卽物窮理，其功用包括體用二者。論體則在超越氣質的昏闇，而使知致德明。論用則在知古今、達事變，而致用於天下國家。

顧東橋又說：

道之大端，易於明白，所謂良知良能，愚夫愚婦可與及者。至於節目時變之詳，毫釐千里之謬，必待學而後知。今語孝於溫凊定省，孰不知之？至於舜之不告而娶，武之不葬而興師，養志養口，小杖大杖，割股廬墓等事，處常處變，過與不及之間，必須討論是非，以爲制事之本，然後心體無蔽，臨事無失。

這是說得權變問題。顧東橋以爲孝父敬兄是良知良能，易於明白。但進一步的說，則有各種細節與權變之處，其是否得當須經過討論。這討論屬於知識的工夫。

顧東橋又說：

楊墨之爲仁義，鄉愿之辭忠信，堯舜子之之禪讓，湯武楚項之放伐，周公莽操之攝輔，謾無印正，又焉適從？且於古今事變，禮樂名物，未嘗考識，使國家欲興明堂，建辟雍，制曆律，草封禪，又將何所致其用乎？故論語曰：生而知之者，義理耳。若夫禮樂名物，古今事變，亦必待學，而後有以驗其行事之實，此則可謂定論矣！

這裏所說的是經國大制。凡負國家責任的或有志於此而預做學問準備的都要學習禮樂名物，古今事變，而後對各種政治實務措施的當否才有正確的判斷。

陽明的答覆，亦可以分幾段來討論。關於顧東橋所提，卽物窮理而後明體達用的問題，其中明體部份已討論過了（致良知代替知識工夫）。關於達用，陽明說：

昏闇之士，果能隨事隨物精察此心之天理，以致其本然之良知，則雖愚必明，雖柔必强，大本立而達道行，九經之屬，可一以貫之而無遺矣，尙何患其無致用之實乎？彼頑空虛靜之徒，正惟不能隨事隨物精察此心之天理，以致其本然之良知，而遺棄倫理，寂滅虛無以爲常，是以要之不可以治家國天下。孰謂聖人窮理盡性之學而亦有是弊哉？

陽明用「隨事隨物精察此心之天理以致其本然之良知」來說明他未曾教人「遺棄倫理，寂滅虛無」。假如離開了事物，陽明就無法做致良知的工夫。然而顧東橋和陽明的區別仍很清楚。陽明是就事物來做致良知的工夫，此正事上磨鍊之功，以良知暢遂為目的。於是顧東橋所說的「知古今，達事變」，陽明在答覆中並沒有提到。陽明只是不離却事物，其著眼乃在致良知，治天下國家和做一件小事情，對陽明來說，並沒有什麼不同。依我們一般做事的經驗來說，治天下國家和做一件小事情，在是否盡心上是相同的，在做事本身上則是不同的。

至於權變問題，陽明回答說：

道之大端，易於明白，此語誠然。顧後之學者忽其易於明白者而弗由，而求其難於明白者以為學，此其所以道在邇而求諸遠，事在易而求諸難也。孟子云：夫道若大路然，豈難知哉？人病不由耳。良知良能，愚夫愚婦與聖人同，但惟聖人能致其良知，而愚夫愚婦不能致，此聖愚之所由分也。節目時變，聖人夫豈不知，但不專以此為學。而其所謂學者，正惟致其良知，以精察此心之天理，而與後世之學不同耳！吾子未暇良知之致，而汲汲焉顧是之憂，此正求其難於明白者以為學之弊也。

我們參考前一段的討論，就可以知道陽明以為致良知與客觀的認識節目時變，有輕重先後之分，所以說「節目時變，聖人夫豈不知，但不專以此為學」。

但到了眞正須要權變的時候，陽明認為這還是良知的判斷。他說：

夫良知之於節目時變，猶規矩尺度之於方圓長短也。節目時變之不可預定，猶方圓長短之不可勝窮也。故規矩誠立，則不可欺以方圓，而天下之方圓不可勝用矣！尺度誠陳，則不可欺以長短，而天下之長短不可勝用矣！良知誠致，則不可欺以節目時變，而天下之節目時變不可勝應矣！毫釐千里之謬，不於吾心良知一念之微而察之，亦將何所用其學乎？是不以規矩而欲定天下之方圓，不以尺度而欲盡天下之長短。吾見其乖張謬戾，日勞而無成也已。

因爲所謂的權變是指應事時吾心盡其是而言，在陽明看來，權變的能力並不在對節目時變的認識工夫，因爲良知會隨時告訴我們當前的是非（註四），權變只是堅持這是非，並將這是非表現出來而已。所以陽明說：「良知誠致，則不可欺以節目時變，而天下之節目時變不可勝應矣！」

陽明又批評顧東橋「節目時變之詳，毫釐千里之謬，必待學而後知」的說法，以爲權變本來就是非常的，沒有成法可學。陽明說：

夫舜之不告而娶，豈舜之前已有不告而娶者爲之準則，故舜得以考之何典，問諸何人，而爲此邪？抑亦求諸其心一念之良知，權輕重之宜，不得已而爲此邪？武之不葬而興師，豈武之前已有不葬而興師者爲之準則，故武得以考之何典，問諸何人，而爲此邪？抑亦求諸其心一念之良知，權輕重之宜，不得已而爲此邪？使舜之心而非誠於爲無後，武之心而非誠於爲救民，則其不告而娶，與不葬而興師，乃不孝不忠之大者。而後之人不務致其良知，以精察義理於此心感應酬酢之間，顧欲懸空討論此等變常之事，執之以爲制事之本，以求臨事之無失，其亦遠矣！

其餘數端，皆可類推。則古人致知之學，從可知矣！

陽明針對事變無成法可學，而主張不如精察此心良知於事變之間。的確，顧東橋欲一一討論變常之事，以待事至而後應，是不太可能的事。就朱子來說，朱子也知事變的無窮，不能一一都討論過。朱子講的是「用力之久，而一旦豁然貫通焉」，朱子是卽物以窮理，理明則雖未經歷的事也能應之得當。所謂權變就是應付非常之事而仍能當理，其前提仍然在於先能明理。

朱子教人卽物窮理，是就一般事物下手。如下引：

淳問曰：己分上事已理會，但應變處更望提誨。曰：今且當便理會常，未要理會變。常底許多道理未能理會得盡，如何便要理會變？聖賢說話，許多道理平鋪在那裏，且要闊着心胸平去看，通透後自能應變。不是硬捉定一物，便要討常，便要討變。（語類卷一一七，第五十二節）

理有正有權，今學者且須理會正。如娶妻必告父母，學者所當守。至於不告而娶，自是不是。到此處，別理會。（語類卷十五，第三十九節）

朱子只教人理會常，不理會變。因爲朱子論學的目的在明理，不在應付特別的事，而且事變本是不勝講求的。朱子的窮理，在物之理與處物之義都包括在其中，因此一方面講事物本身如何如何，一方面也涉及了吾心應事時的是非。這樣說來，朱子和陽明的距離就很近了。所不同者，朱子的窮理是行爲之前的知識工夫；陽明不需要此段工夫，只要卽知卽行的去致良知。

關於顧東橋所提的經國大制的問題，陽明回答說：

夫明堂辟雍之制，始見於呂氏之月令，漢儒之訓疏，六經四書之中，未嘗詳及也。豈呂氏漢儒之知乃賢於三代之賢聖乎？齊宣之時，明堂尙有未毀，則幽厲之世，周之明堂皆無恙也。堯舜茅茨土階，明堂之制未必備，而不害其爲治。幽厲之明堂，固猶文武成康之舊，而無救於其亂，何邪？豈非以不忍人之心，而行不忍人之政，則雖茅茨土階，固亦明堂也；以幽厲之心，而行幽厲之政，則雖明堂，亦暴政所自出之地邪？

以下陽明又論辟雍、曆律、封禪諸事，其大旨皆如此處論明堂，以爲治國在以仁心行仁政，而不在禮樂名物的講求。陽明的回答是對的，顧東橋所舉明堂等禮都是古制的遺留，甚至在可考見的古代，就沒有實質的意義了。顧東橋講求這些，就變成了泥古，不但不如講仁心之得要，抑且失去講古制的意義。其實，在朱子講學也不主張講不切於今的古制。朱子說：

禮樂法度，古人不是不理會，只是古人都是見成物事，到合用時便將來使。如告顏淵行夏之時，乘殷之輅，只是見成物事。如學字一般，從小兒便自曉得，後來只習教熟。如今禮樂法度都一齊散亂，不可稽考。若著心費力在上面，少間弄得都困了。

照朱子的意思，古人理會禮樂名物，是理會他們當身當世之物，以便到時候致用。如今稽考已經很難，弄得身心疲困，更何況施行呢？朱子眞正教人著力的乃是四書，四書所講都是躬行的事實，透過這些事實來了解客觀的道德之理。與顧王相比較，反而比較近於陽明。

總括朱子對用的言論，大概主張在日用事爲之中「明理」。理通透後，自能應變。至於陽明，則主張在日用常行中致此心之良知。當權變時，仍是隨時隨事精察此心之良知，自然就能泛應曲當。朱子的「明理」是知識工夫，陽明的「致良知」是事上磨鍊的工夫，此爲兩人的分野。

【附註】

註一　賈銳「朱晦菴及王陽明二氏學術思想之比較研究」頁一〇八—一一二，對朱子知行說有較詳細的說明。

註二　陽明亦教人變化氣質，如與黃宗賢書（丁亥，五十六歲）：「二君必須預先相約定，彼此但見微有動氣處，卽須提起致良知話頭，互相規切。凡人言語正到快意時，便截然能忍默得；意氣正到發揚時，便翕然能收歛得；憤怒嗜欲正到騰沸時，便廓然能消化得。此非天下之大勇者不能也。然見得良知親切時，其工夫又自不難。緣此數病，良知之所本無，只因良知昏昧蔽塞而後有。若良知一提醒時，卽如白日一出，而魍魎自消矣！」（全書卷六）所謂氣質之病實是指良知被物欲昏昧蔽塞而言，故工夫只在提醒良知。此卽朱王不同處。又，賈銳亦謂陽明所說的氣質之蔽卽是意欲的貽累，見「朱晦菴及王陽明二氏學術思想之比較研究」頁八〇—八三。

註三　陽明說，目不明，應服藥調理以治其目，比喻不妥當。蓋服藥調理，藥還是自外來的，反而同於顧東橋。據陽明良知自致的思想，應說目能自己化去不明，以恢復其光輝。

註四　傳習錄下八十一節：「或問至誠前知。先生曰：誠是實理，只是一個良知。實理之妙用流行就是神，其萌動處就是幾。誠神幾曰聖人。聖人不貴前知，禍福之來，雖聖人有所不免。聖人只是知幾，遇變而通耳！良知無前後，只知得見在的幾，便是一了百了。若有個前知的心，就是私心，就有趨避利害的意。」良知不能前知，但能知當前之所應爲，此卽是非。幾卽是非。

第六章 良知與事爲（上）—事上磨鍊

第一節 大學問與四句教的工夫論

四句教與大學問都是陽明晚年所立的重要教法，可視爲他一生學力的總結。本章論致良知工夫，從四句教大學問討論起，一方面觀察其教旨的最後趨向，一方面也藉以回顧其一生言論，而和以前的教法相聯繫。

四句教的記載，見傳習錄下、年譜三，及王龍溪全集卷一天泉證道記。傳習錄與年譜所載的是錢緒山的記錄，天泉證道記則是王龍溪的記錄。雖然可能會有各人意見的攙雜，但陽明所立的是四有說，緒山的語氣也是傳述的意思；而龍溪是另立四無說，語氣也多發揮的意思。緒山所錄應當更接近當時的情況。因此這裡的討論以傳習錄及年譜所載爲根據。（註一）

四句教問答的情形大概是這樣的。丁亥年九月（是時陽明五十六歲），陽明將征思田，將行時，緒山與龍溪論學不合，緒山主張「無善無惡心之體，有善有惡意之動，知善知惡是良知，爲善去惡是格物」四句，此卽所謂的四句教，若與龍溪所擧的相對，則稱之爲「四有」。龍溪則主張「若說心體是無善無惡，意亦是無善無惡的意，知亦是無善無惡的知，物亦是無善無惡的物矣」，此卽是「四無」。二人遂於侍坐天泉橋時，各擧請正。陽明同時肯定兩種說法，謂龍溪之見是接利根人的，緒山之見是爲其次立法的，二人須相取爲用，但仍當以四有爲宗旨，才可以無弊。

陽明以四有說爲宗旨，年譜記載著：

> ……二君已後與學者言，務要依我四句宗旨：無善無惡是心之體，有善有惡是意之動，知善知惡是良知，爲善去惡是格物。以此自修，直躋聖位；以此接人，更無差失。畿曰：本體透後，於此四句宗旨何如？先生曰：此是徹上徹下語，自初學以至聖人，只此工夫。初學用此，循循有入，雖至聖人，窮究無盡。堯舜精一工夫，亦只如此。先生又重囑付曰：二君以後再不可更此四句宗旨。此四句中人上下無不接著。我年來立教，亦更幾番，今始立此四句。人心自有知識以來，已爲習俗所染。今不教他在良知上實用爲善去惡功夫，只去懸空想箇本體，一切事爲，俱不著實。此病痛不是小小，不可不早說破。是日洪畿俱有省。（年譜三，五十六歲條）

根據這段話，我們知道，陽明明白的以四句教爲宗旨。他說：「我年來立教，亦更幾番，今始立此四句。」可見此四句在他一生學問進展上實居關鍵的地位，就如大學古本序所揭的誠意，五十歲所揭的致良知一樣。其次，陽明說四句教是徹上徹下語，自初學以至聖人只此工夫，由是而知其所以徹上徹下是由於工夫的無窮盡。所以，四句教的重點在於教人做工夫，而非客觀的爲心意知物下定義，更不在空談本體。

以下將根據陽明的學說來解釋四句教。

陽明解釋大學中的心意知物，並根據這解釋來講一套工夫，其事最早可追溯到龍場時「格物致知」之悟。以後陽明有「格物以誠意」之說，又有「致良知」之說。陽明解釋心意知物說：「身之主宰便是心，心之所發便是意，意之本體便是知，意之所在便是物。」此說見傳習錄上徐愛錄，而實能貫通他的一生。龍場之悟以至致良知的幾個階段性轉變，其實是就工夫論的進展而說的。從誠意發展到致知，其意義是在做工夫處找到一個更確定可著力的依據，即所謂「眞幾」。對心意知物的解釋並未變，但是做工夫的重點已暗中移步換形了。至於最後所提出的四句教，他說「年來立教，亦更幾番，今始立此四句」，對心意知物的解釋仍然不變，似乎他的主旨在於綜合化，精簡化一生的思想。但是在工夫論上，四句教是引起爭論的教法，緒山龍溪各有主張，陽明的調停則又皆不同於兩人。我以為緒山與龍溪的主張在陽明思想中都是有本的。其所以歧異，乃由於陽明想把長期的思想發展綜結起來，遂不免有抵牾之處。陽明費力調停，乃逼出他的晚年定論。

我們先討論第一種說法，卽四句教與緒山的闡釋。由於四句教太簡略，我們勢必要引用陽明他處的說法來闡述。很幸運的，陽明約略在提出四句教的同時，又對心意知物及其工夫做了一番詳細的解釋，此卽大學問。（全書卷二十六）錢緒山作序云：

吾師接初見之士，必借學庸首章以指示聖學之全功，使知從入之路。師征思田，將發，先授大學問，德洪受而錄之。

緒山後來又作跋，說：「大學問者，師門之教典也。學者初及門，必以此意授，……門人有請錄成書者，曰：此須諸君口口相傳，若筆之於書，使人作一文字看過，無益矣！嘉靖丁亥八月，師起征思田。將發，門人復請，師許之。」根據序，大學問錄於征思田之前，根據跋，更知錄成之前曾有一段口授時期，雖其長久不可知，我們却可因此將它和五十歲以來的見解建立更密切的聯繫。此外我們又知大學問錄於丁亥八月，比緒山所記四句教問答的時間只早了一個月。於是，用這篇文字來闡釋四句教似乎是很適當的。但必須注意的是大學問四句教所要表達的內容未必相同，只因二者約略同時，我們可以從大學問瞭解陽明的看法，再去解釋四句教。以下我們先看大學問。

陽明說：

蓋身心意知物者，是其工夫所用之條理；雖亦各有其所，而其實只是一物。格致誠正修者，是其條理所用之工夫；雖亦皆有其名，而其實只是一事。

這段話是陽明說明從修身到格物只是一個工夫。由此看出陽明根本上是重工夫的。身心意知物本來只是一物，只因爲做工夫時要層層深入，才分出這許多條理。身心意知物的建立本來是爲了做工夫，可見其重視工夫的程度。至於說格致誠正修只是一事，則表示陽明尋求工夫一貫、得力、落實的態度。一物一事的說法是陽明一貫的主張。向前推，則陽明四十八歲時答陳九川：「只要知身心意知物是一件。……但指其充塞處言之謂之身，指其主宰處言之謂之心，指心之發動處謂之意，指意之靈明處謂之知，指意之涉著處謂之物，只是一件。意未有懸空的，必著事物；故欲誠意，則隨意所在某事而格之，去其人欲，而歸於天理，則良知之在此事者無蔽，而得致矣！此便是誠意的功夫。」向後推，則我們可說陽明提出四句教，根本上是爲了做工夫，其所以會有這四句之分別，乃是「工夫所用之條理」或「條理所用之工夫」，其實仍然是一物一事。

大學問怎樣的分析「工夫所用之條理」，又怎樣說「條理所用之工夫」呢？我們先看其解釋「身」、「心」及「欲修其身者先正其心」：

> 何謂身？心之形體運用之謂也。何謂心？身之靈明主宰之謂也。何謂修身？爲善去惡之謂也。吾身自能爲善而去惡乎？心其靈明主宰者欲爲善而去惡，然後其形體運用者始能爲善而去惡也。故欲修其身者，必在於先正其心也。

身心本爲一物，正修原是一事，只是爲了工夫確實而分出層層的條理，雖分層層條理，其運用處又只是一項工夫。

陽明又解釋「欲正其心者先誠其意」：

> 然心之本體則性也，性無不善，則心之本體本無不正也，何從而用其正之之功乎？蓋心之本體本無不正，自其意念發動，而後有不正；故欲正其心者，必就其意念之所發而正之。凡其發一念而善也，好之眞如好好色，發一念而惡也，惡之眞如惡惡臭，則意無不誠，而心可正矣！

這段文字中有幾點需要說明。第一，前一段「欲修其身者先正其心」，陽明解釋爲「心其靈明主宰者欲爲善而去惡，然後其形體運用者始能爲善而去惡也」；蓋謂正心便是心要做爲善去惡的工夫。但此段說「心之本體本無不正也，何從而用其正之之功乎？」却又說心上著不得工夫。兩段之間似乎有矛盾在，其實這並不是矛盾，而正表示他爲了工夫確實而分析出層層條理。當說修身時，進一步分析則知工夫須在心上做。但進而做正心工夫時，又可更進一步的分析心的體用。體上無工夫可做，工夫只能在發用處做。心之發動是意，所以所謂的正心工夫，落實說來，實乃誠意的工夫。「欲修其身者先正其心」，這心是就整個而言，體用都包含在內，於是說「做正心工夫」自然沒有問題。「心之本體本無不正也，何從而用其正之之功乎」則是分析的說，只講心之本體，本體上無可用功，所以說「何從而用其正之之功乎」，也沒有問題。二者之間並無矛盾。第二，陽明在做一個工夫中分析出層層條理，故每一項工夫都可代換成屬於更深一層的工夫。而各層工夫其實只是一個，所謂「其條理所用之工夫，雖亦皆有其名，而其實只是一事」者是也。由於如此，做工夫不是做完一項，再做一項，而是一項做完便了。所以陽明解「欲正其心者先誠其意」爲「故欲正其心者必就其意念之所發而正之」，「先」字略而未解。以下解「欲誠其意者先致其知」，「先」字亦未解，這應不是偶然的忽略。第三，「心之本體本無不正，自其意念發動，而後有不正。」所謂意念發動，可以是「發一念而善也」，也可以是「發一念而惡也」。假如是後者，我們就可說是「意不誠」，意不誠，就是心有不正。但在這裡我們可以問，爲什麼本無不正的心體會發出惡念來？這問題根據陽明已有的言論來看，似乎是不易答覆，但我們可以換個方式來解決這個困難。此卽，從陽明的實踐工夫來說，可以不必問這個問題。

意不誠或有惡念是一項事實，有這事實就須做誠意或克治的工夫，可以不必更問其來源爲何。至於心之本體之正則是宋明理學家所公認的。做實踐工夫的前提必須是心體之正，否則實踐就不是化惡以歸善，或擴充本來之善，而竟成爲違背本性的舉動了。於是，「心之本體本無不正，自其意念發動，而後有不正。」可以解釋如下：心之本體本來是正的，這是做實踐工夫的超越根據。但我們反求諸己，見到的是已發動的意念，這些意念是或善或惡的，假如是惡的，我們就可以說心是不正的。（這心是整個的，體用兼具的心）第四，「故欲正其心者，必就其意念之所發而正之」，這句話代表的就是陽明即用以明體的主張，所以陽明中年時要提誠意之敎。「凡其發一念而善也，好之眞如好好色，發一念而惡也，惡之眞如惡惡臭」，這是陽明加字解釋大學的誠意，與陽明中年之說配合來看，即是知行合一之說。（註二）

陽明又解釋「欲誠其意者先致其知」：

> 然意之所發，有善有惡，不有以明其善惡之分，亦將眞妄錯雜，雖欲誠之，不可得而誠矣！故欲誠其意者，必在於致知焉！致者，至也，如云喪致乎哀之致。易言知至至之，知至者，知也；至之者，致也。致知云者，非若後儒所謂充廣其知識之謂也，致吾心之良知焉耳！良知者，孟子所謂是非之心人皆有之者也。是非之心，不待慮而知，不待學而能，是故謂之良知。是乃天命之性，吾心本體自然靈昭明覺者也。凡意念之發，吾心之良知無有不自知者，其善歟？惟吾心之良知自知之，其不善歟？亦惟吾心之良知自知之，是皆無所與於他人者也。故雖小人之爲

不善，旣已無所不至，然其見君子，則必厭然揜其不善，而著其善者，是亦可以見其良知之有不容於自昧者也。今欲別善惡以誠其意，惟在致其良知之所知焉爾。何則？意念之發，吾心之良知旣知其爲善矣！使其不能誠有以好之，而復背而去之，則是以善爲惡，而自昧其知善之良知矣！意念之所發，吾之良知旣知其爲不善矣，使其不能誠有以惡之，而復蹈而爲之，則是以惡爲善，而自昧其知惡之良知矣！若是，則雖曰知之，猶不知也，意其可得而誠乎？今於良知所知之善惡者，無不誠好而誠惡之，則不自欺其良知而意可誠也已。

這一段是說明「欲誠其意者必在於致知」的，其意旨可參看陽明答陳九川「意之誠僞必先知覺乃可」的一段。（註三）意之所發，有善有惡，必須先有知善知惡的能力，然後誠意的工夫才有辦法做。知善知惡，卽是良知，於是說誠意就須先肯定良知。陽明中年時，以知行合一說誠意，如說「見好色屬知，好好色屬行，只見那好色時，已自好了，不是見了後又立箇心去好。聞惡臭屬知，惡惡臭屬行，只聞那惡臭時，已自惡了，不是聞了後別立箇心去惡」這是陽明中年的說法，講知行間不容髮的關係。但這說法還可以再加分析，而說得更精密。如好好色，如惡惡臭，此之謂誠意。好好色惡惡臭屬行，但所以會有這個行，其先必有「知好色之當好，惡臭之當惡」之知，而後這好好色惡惡臭之行才有可能。這知是不慮而知不學而能的，卽是良知。說「見好色屬知，好好色屬行」，仍不夠精密，還須加入知好色之當好的良知，知的一面才算完備。假如說誠意是如好好色，如惡惡臭，屬行，則誠意工夫已先肯定（或說包含）良知在。（註四）假如從良知說起，則行就是良知自發的推致，卽致良知。於是致良知的工夫可以取代誠意的工夫，而可以說「今欲別善惡以誠其意，惟在致其良知之所知焉爾」。陽明在大學問中，論欲誠其意者先致其知這段文字，其文理就是先從誠意工夫來肯定良知，再從良知說起，以致良知的工夫來取代誠意工夫。

陽明又解釋「致知在格物」說：

然欲致其良知，亦豈影響恍惚而懸空無實之謂乎？是必實有其事矣！故致知必在於格物。物者事也，凡意之所發，必有其事，意所在之事謂之物。格者正也，正其不正，以歸於正之謂也。正其不正者，去惡之謂也；歸於正者，為善之謂也，夫是之謂格。書言格於上下，格於文祖，格其非心，格物之格實兼其義也。良知所知之善，雖誠欲好之矣！苟不卽其意之所在之物而實有以為之，則是物有未格，而好之之意猶為未誠也。良知所知之惡，雖誠欲惡之矣！苟不卽其意之所在之物而實有以去之，則是物有未格，而惡之之意猶為未誠也。今焉於其良知所知之善者，卽其意之所在之物而實為之，無有乎不盡；於其良知所知之惡者，卽其意之所在之物而實去之，無有乎不盡；然後物無不格，而吾良知之所知者無有虧缺障蔽，而得以極其至矣！夫然後吾心快然無復餘憾而自慊矣！夫然後意之所發者始無自欺而可以謂之誠矣！故曰物格而后知至，知至而後意誠，意誠而后心正，心正而後身修。蓋其功夫條理，雖有先後次序之可言，而其體之惟一，實無先後次序之可分；其條理功夫，雖無先後次序之可分，其用之惟精，固有纖毫不可得而缺焉者。此格致誠正之說所以闡堯舜之正傳而為孔氏之心印也。

這段文字的前半說明「致知在格物」，後半則呼應前文所云雖分條理工夫其實只是一物一事之說，算是這一大段文字的結論。先說前半段。物者事也，意之所在爲物；格者正也，正其不正以歸於正也。誠意的工夫落實的說就是格物，這便是陽明中年「格物以誠意」的說法。他晚年之說，就如前面「欲誠其意者必在於致知焉」的一段，雖然保留中年的說法，但却是從良知說起的。從良知說知行合一，則行是致良知。所謂的行自然是就事爲而言，於是致良知就是使良知流行在事爲之間，或去除阻礙良知流行的私欲。但說致良知，還像是專就內心而說，更落實的說法就是格物。陽明中年時說「誠意工夫只是箇格物」，如今從良知說起，則爲「今焉於其良知所知之善者，卽其意之所在之物而實爲之，無有乎不盡；於其良知所知之惡者，卽其意之所在之物而實去之，無有乎不盡」。須說到格物，其致良知的工夫才著實，所以說「物無不格，而吾之良知之所知者無有虧缺障蔽，而得以極其至矣！」再說後半段。我們曾說陽明講格致誠正，是每一項工夫都可替換爲更深一層的工夫，現在講到格物，却是到了盡頭。格物就是眞正要去做的工夫，做了格物的工夫，也就是諸項工夫的完成。所以說「物格而后知至，知至而后意誠，意誠而后心正，心正而后身修」。物格就是全部工夫的完成，這就是「其實只是一事」。但這一事中畢竟心意知都包含於內，有良知做根據，意念爲對象，心（體用兼具的心）身爲結果等等，所以說「其條理功夫雖無先後次序之可分，其用之惟精，固有纖毫不可得而缺者焉」。

大學問的這一大段文字可以說是陽明講心意知物最完備最成熟的見解。陽明中年之教已涵蘊良知，晚年之教也未推翻誠意。但是傳習錄上，多說誠意格物，傳習錄中下則多說良知致良知，唯有此文不但貫串心意知物，尤能將他一生見解融會貫通，各給其適當的地位，而且又扼要的歸在一物一事上。由於此文和四句教提出時間約略相同，就成爲我們瞭解四句教的最好根據了。

四句教說：「無善無惡心之體，有善有惡意之動，知善知惡是良知，爲善去惡是格物。」與大學問比較，將立刻發現第一句有問題，既說「心之本體則性也，性無不善，則心之本體本無不正也」，怎麼又說「無善無惡心之體」呢？這個問題將留在下節討論。至於其後的三句則意旨清楚，亦不生問題。前面既然引用大學問，並曾略加討論，這裡將可不釋自明。只有一點要稍微談一下。四句教的前三句分別說心、意、知，是說「條理」，第四句則說格物，是說「工夫」。於是這四句的性質並不是一貫的。我們可以根據大學問給這現象一個解釋。大學問說「格致誠正修者，是其條理所用之工夫，雖亦皆有其名，而其實只是一事」，既然是一事，則用一句來表達卽可。假如前三句也要說工夫，恐怕只能說「爲善去惡是正心，爲善去惡是誠意，爲善去惡是致知」，那就沒有意思了。前文曾說陽明提出四句教，主要的目的在敎人做工夫，格物正是工夫的落實處，做了格物的工夫，同時也就是做了致知誠意正心的工夫。所以雖意在敎人用功，一句却也就夠了。大學問又說「其條理功夫雖無先後次序之可分，其用之惟精，固有纖毫不可得而缺焉者」，雖是一個工夫，但求其精密，則正心誠意致知皆不可缺。由是知四句教雖只說一個工夫，却要在這工夫中分析條理，以求確實的建立起工夫的根據，所以在格物之上要加上心意知的三句。假如我們從頭依序來講，則可以說，陽明先解釋心意知三項條理，而歸於格物一項工夫。講條理而總結於工夫，亦可見工夫是最重要的。

第二節　四有說與四無說的會通

四句教的首句「無善無惡心之體」根源於陽明對心體的認識。陽明在龍場做默坐澄心的工夫，超脫一切的得失榮辱，以至於生死之念，遂能悟到「聖人之道，吾性自足」，蓋謂此個完全潔淨的心就是聖人之心，由此流出而表現在世間的好惡、情感、事爲就是聖人之道。「聖人之道吾性自足」提高到理論層次卽是「心卽理」。「心卽理」是「此心無私欲之蔽卽是天理」，是完全潔淨之心，此便包含有「無善無惡」的意思。

「心卽理」的心應該是至善無惡的，何以稱之爲無善無惡呢？我們可根據傳習錄上的一段記載來說明，這是他四十七歲以前的見解：

守衡問：大學工夫只是誠意，誠意工夫只是格物。修齊治平，只誠意盡矣！又有正心之功，有所忿懥好樂，則不得其正，何也？先生曰：此要自思得之。如此，則知未發之中矣！守衡再三請。曰：爲學工夫有淺深。初時若不著實用意去好善惡惡，如何能爲善去惡？這著實用意，便是誠意。然不知心之本體原無一物，一向著意去好善惡惡，便又多了這分意思，便不是廓然大公，書所謂無有作好作惡，方是本體，所以說有所忿懥好樂，則不得其正。正心只是誠意工夫裡面體當自家心體，常要鑑空衡平，這便是未發之中。（傳習錄上一二三節）

陽明在誠意格物之外再講一個正心的工夫。誠意格物就是好善惡惡與為善去惡，就是明明德的工夫。但陽明還要說個正心，正心並不是誠意之外別有工夫，只是誠意工夫裡面體當自家心體的鑑空衡平，廓然大公。陽明說「心之本體原無一物」，就是說心體上原來沒有任何先有的成見，沒有對事物的偏好偏惡。此卽「書所謂無有作好作惡，方是本體」。誠意是好善惡惡，陽明擔心這好惡過了頭，變得像一種成見或偏好偏惡。這樣則雖是好善惡惡，却不是恰好自然的，此卽心的「有所忿懥好樂則不得其正」。所以陽明要說個正心，使我們在好善惡惡之際，還要體會心體本然的狀態。這「原無一物」或「無有作好作惡」與「心體本無不正」或「性善」是不相矛盾的。前者是就廓然大公的狀態而言，後者是就善惡判斷的立場或做工夫的根據而言。心體的鑑空衡平、廓然大公，就是「無善無惡」的意思。

陽明曾有「性一而已，自其形體也謂之天，主宰也謂之帝，流行也謂之命，賦於人也謂之性，主於身也謂之心」之言，蓋同是卽心卽性卽理的一物，從不同的角度看來，卽可以有不同的相貌與名義。善與無善無惡之並行不悖亦猶如此。無善無惡者，心體以鏡喻，當其完全明瑩無滯，不著一點塵埃，也就是當其沒有一念偏倚，一毫私欲夾雜之時，就是無善無惡。這無善無惡的心體就是至善，因為私欲之起，不管是作好作惡，都如明鏡上著了塵埃，無所遁形，以其能判斷善惡，故謂之至善。（註五）

根據前引一段問答，不但可以說明「無善無惡心之體」，還可一併說明四有之說。緒山為四有說辯護道：

心體原來無善無惡，今習染既久，覺心體上見有善惡在。爲善去惡，正是復那本體功夫，若見得本體如此，說無功夫可用，恐只是見耳！（年譜五十六歲九月）

心體是無善無惡的，這是說本體。意念上有善惡，這是說事實。格致誠正修卽爲善去惡的工夫。作此工夫，其結果正是恢復性體的無善無惡。這段話與前引問答有近似處，換言之，其爲陽明教旨，實無可疑。前引問答中，工夫從誠意開始，在誠意工夫裡面體當心體的鑑空衡平，便是由工夫以復本體，由爲善去惡而回到無善無惡。在四有說中，第一句無善無惡心之體在起初只是理論上的應然，工夫乃是開始於習染既久而覺有善惡的心。由於爲善去惡，始能復那無善無惡的本體。這是由工夫以復本體的一路。只要人有習心，就用得著這工夫。所以陽明說這是爲利根以下的人立法：

其次不免有習心在，本體受蔽，故且教在意念上實落爲善去惡。功夫熟後，渣滓去得盡時，本體亦明盡了。

但工夫是人人用得著的。雖然從本體來說，常人亦是生知，但從工夫來說，聖人亦是學知。「聖人只是保全無些障蔽，兢兢業業亹亹翼翼，自然不息，便也是學。」（註六）卽使本體無障蔽，也須有保全的工夫。所謂保全，就事爲上說，也還是爲善去惡，就心體上說，則是不斷地去習心的工夫。否則就成爲「懸空想箇本體」了。從重工夫的立場來說，四有說是徹上徹下的。

從本章開始，到此處爲止，皆討論第一種教法——四有說及緒山的解釋。從四句的提出，陽明思想背景的發掘，及其最後的囑咐，都可以看出四有說符合陽明的講學宗旨。以下續論第二種教法——

四無說，我以爲四無說雖是龍溪發揮出來的，但是陽明思想中實已含有四無說的因子，才容許龍溪做此發揮，而陽明因此亦有嘉許之意。

龍溪說：「若說心體是無善無惡，意亦是無善無惡的意，知亦是無善無惡的知，物亦是無善無惡的物矣！」此卽所謂的四無說。四無說的討論較爲不易，我將嘗試以「一悟本體，卽是功夫」爲討論的中心。據傳習錄，緒山龍溪經辯論後，請教陽明。陽明說：

我今將行，正要你們來講破此意。二君之見，正好相資爲用，不可各執一邊。我這裡接人，原有此二種。利根之人，直從本源上悟入。人心本體原是明瑩無滯的，原是箇未發之中，利根之人，一悟本體，卽是功夫，人己內外一齊俱透了。其次不免有習心在，本體受蔽，故且敎在意念上實落爲善去惡，功夫熟後，渣滓去得盡時，本體亦明盡了。汝中之見，是我這裡接利根人的；德洪之見，是我這裡爲其次立法的。

四有說是以有習心、意念處已有善惡者爲對象，而做爲善去惡的工夫，工夫熟後，渣滓去盡，本體亦明徹了。這是前文已詳述者。現在論四無說。四無四有對照來看，四無是接利根人的，其最大特色蓋在不從對治習心開始，而是「直從本源上悟入」，「一悟本體，卽是功夫」。陽明每敎人「誠意」、「存天理去人欲」，皆對治習心的話，可見其敎旨偏重於此。但陽明從龍場之悟後，卽說「聖人之道，吾性自足」、「心卽理」，這些豈非指點本源之言？於是「直從本源上悟入」這一條路早已埋種於陽明思想之中了，以下試舉例加以說明。

陽明在龍場，悟到「聖人之道，吾性自足」。我解釋說：「這完全潔淨的心就是聖人之心，而在世間人人都有的好惡、情感、事爲中就有聖人之道。」此語正好和陽明論四無之言比觀。陽明說：「人心本體原是明瑩無滯的，原是箇未發之中，利根之人，一悟本體，卽是功夫。」人心本體卽聖人之心，既然是我本有的，則我未嘗不可直接從此處悟入。也就是說，我自可直接去承當我所本有的明瑩無滯之心，而使我的好惡、情感、事爲皆是此心本體的自然表現，使其皆如本心的明瑩無滯。能如此，便是「人已內外一齊俱透了」。到了這個地步，當然可以進而說「意亦是無善無惡的意，知亦是無善無惡的知，物亦是無善無惡的物矣！」陽明在龍場之悟以前曾有一番徹底的銷欲工夫，龍場之悟以後，則提倡知行合一的教法。他所走的是工夫一路，然而從龍場之悟的內容來看，他未嘗不可以走「一悟本體，卽是功夫」的路。於是龍溪實在是發展了陽明所悟及而未走的道路。

其次，在知行合一教法的進展的第二階段——靜坐自悟心體，或所謂的「澄悟」，也含有四無說的要素。靜坐就是離開一切事爲動作，而回到心體上來。自悟心體，如「悟後六經無一字，靜餘孤月湛虛明」等語，都是指點從心體明瑩無滯處悟入之途。不過陽明後來視此爲不穩當的捷徑，而廢棄了此種教法。

在陽明提倡致良知之教以前，由於心體常知常顯之義尚未特別標出，悟心體的工夫常要離開事爲，靜坐密證而始得，所以容易「喜靜厭動，流入枯槁之病；或務爲玄解妙覺，動人聽聞」。爲了預防流弊，陽明遂多談事上磨鍊而少談心體，悟心體的一路遂鬱而不彰。但陽明揭出致良知之教以後，由於良知的明白、完滿、平常，又由於「致知存乎心悟」，從完滿的良知契入，豈非「一了百了，一悟本體，卽是功夫」？這樣便大開悟心體之門了。陽明五十以後的言論實含一些四無說的種子，無怪乎龍溪得以承續，以建立其先天正心之學。

傳習錄下有一段記載：

問：古人論性，各有異同，何者乃爲定論？先生曰：性無定體，論亦無定體。有自本體上說者，有自發用上說者，有自源頭上說者，有自流弊處說者。總而言之，只是這箇性，但所見有淺深爾。若執定一邊，便不是了。性之本體，原是無善無惡的；發用上也原是可以爲善，可以爲不善的；其流弊也原是一定善一定惡的。……孟子說性，直從源頭上說來，亦是說箇大概如此。荀子性惡之說，是從流弊上說來，也未可盡說他不是，只是見得未精耳！衆人則失了心之本體。問：孟子從源頭上說性，要人用功在源頭上明徹；荀子從流弊說性，功夫只在末流上救正，便費力了。先生曰：然。（傳習錄下一〇八節）

我們分析這一段話，將見其與四無說相近。「性之本體，原是無善無惡的」，此卽「自源頭上說者」。「孟子說性，直從源頭上說來，亦是說箇大概如此」，孟子說性善，所以是「說箇大概如此」，若說到究竟處，應說無善無惡。性從發用和流弊處說，則是「有善有惡意之動」。依陽明此處所說，則「無善無惡心之體」和「有善有惡意之動」分別是自源頭和發用來說性。陽明同意學生所問，孟子從源頭上說性，要人用功在源頭上明徹，此實爲四無之說。此與陽明答龍溪的「利根之人，一悟本體，卽是功夫，人己內外一齊俱透了」之說相同。至於四有之說，却等於這裡的「荀子從流弊說性，功夫只在末流上救正，便費力了」，陽明說費力，其語氣似是有些不贊同的意思，自然更不會說是徹上徹下的工夫了。這裡所謂徹上徹下工夫，恐怕只是心體之悟了。

由上引可以看出陽明思想中四無說的根源。陽明有此主張，蓋因四無說從源頭說來，不似四有說的費力。陽明敎法進展的兩個趨向是「簡易」與「眞切」，（註七）其所以用知行合一代替朱子博學工夫，所以從誠意之敎進至致良知之敎者，皆此之故。現在陽明的偏向四無說，則由於「簡易」之故。下文還將提到陽明終於以四有說爲徹上徹下工夫，則是由於另一趨向「眞切」的緣故了。

現在我們再討論陽明爲何在這種四無傾向下，却終究回頭主張四有說。這是因爲陽明意識到四無說的流弊，遂取謹愼一路。四無說的流弊就是無工夫。原來四無說是以悟本體爲工夫的。所謂悟本體就是體認到心體的明瑩無滯，由於本體明瑩無滯，發用的意知物自然都是明瑩無滯的，此即四無說。這時出現了細微的兩歧，就是悟本體的工夫可以是直接承當明瑩無滯的心體，也可以是只去保持心中無執著無箇別的渾然狀態。陽明所謂的四無說應指前者，但是若持後說，也一樣可感覺到心體的無善無惡，不著一分意思。心體表現在意知物中，則意知物等皆在無善無惡的狀態之中。所謂四無說可以同時從這兩面來解釋，擧陽明之言爲例：

又曰：告子病源，從性無善無不善上見來。性無善無不善，雖如此說，亦無大差，但告子執定看了，便有箇無善無不善的性在內。有善有惡，又在物感上看，便有箇物在外，却做兩邊看了，便會差。無善無不善，性原是如此。悟得及時，只此一句便盡了，更無有內外之間。告子見一箇性在內，見一箇物在外，便見他於性有未透徹處。（傳習錄下七三節）

陽明此言用意在四無說，心體表現在物感之中，所以同是無善無惡的，不可以有內外之間。但同一無善無惡却可能有兩種情況，第一種是心體明瑩無滯，所表現的物感亦明瑩無滯；第二種是內心保持着無執著簡別的渾然狀態，使得原來有善有惡的物感，看起來亦似渾然無善惡可言。所謂「無有內外之間」在這兩種情況下都說得通。陽明所持的是前一說，但是凡想從「無善無惡心之體」處入手的却可能流於後一說。今舉陽明之言以分析之。

問：聲色貨利，恐良知亦不能無。先生曰：固然。但初學用功，却須掃除蕩滌，勿使留積，則適然來遇，始不爲累，自然順而應之。良知只在聲色貨利上用功，能致得良知精精明明，毫髮無蔽，則聲色貨利之交，無非天則流行矣！（傳習錄下一二八節）

我們借用這段引文討論當遇聲色貨利時該如何用功。陽明說在聲色貨利上致得良知精精明明，此是「知善知惡是良知，爲善去惡是格物」的四有說，我們且進一步假定他已物格知至，而可從無善無惡心之體說起。同樣的聲色貨利，假如心體是明瑩無滯的，則遭遇之時，心體是無蔽、無累、無留積的，雖然流行於聲色貨利之間，但心體既空空蕩蕩，則在流行之際必同時是超乎其外的。如此遂對聲色貨利能隨順而不失自然的節度，所謂物來順應是也，雖然有規矩却又未嘗著意去爲善去惡。現在換成第二種情況，此心原是有蔽累留積的俗心，發於聲色貨利，自是過當失正。此時若以渾然無別爲無善無惡，其發於聲色貨利，亦不過以渾然無別之心去行原有的行爲罷了。如原來常近女色的，因爲不做善惡判斷，遂依舊常近女色，只是換個超然心境而已。陽明所謂無善無惡顯然是前一說，但後學講無善無惡的却常流於後一說，如顧涇陽所說的「何心隱輩坐在利欲膠漆盤中」（註八）者是也。在陽明，「悟心體」尚是一種從無欲契入的工夫，但第二種情況下，悟只是悟，尚不足以銷欲。

以上所論是陽明言及，而龍溪加以發揮的四無說，這是陽明晚年工夫論的第二種說法。現在我們進論第三種說法，即陽明對緒山龍溪的平停，這是一種更高明的四有說。在討論之前，我想再次點明其發展的趨向。陽明的工夫論總向簡易與眞切而趨，所謂眞切就是能切實具體的掌握。陽明中年時知行合一教法從靜坐悟心體，進而爲搜剔私欲的工夫，再進而爲事上磨鍊。蓋從心說到事，才是完整而具體的道德行爲，在實踐處顯其眞切。陽明晚年良知之說可謂徹悟心體，然而在工夫論的發展上亦經過類似中年的幾個階段。緒山對四句敎的解釋偏重在工夫的一面，未直接從心體明瑩處說下來，是比較接近中年時代的教法。龍溪之說則卓然自立，非復中年之敎所能範圍了。然而與中年之敎類比，四無之說相當於靜坐悟心體的階段，尙非究竟之說。於是陽明指出高一層的四有說，相當於事上磨鍊說，此是其最後定論。

陽明說：

只依我這話頭，隨人指點，自沒病痛。此原是徹上徹下功夫。利根之人，世亦難遇。本體功夫，一悟盡透，此顏子明道所不敢承當，豈可輕易望人？人有習心，不教他在良知上實用爲善去惡

功夫，只去懸空想箇本體，一切事爲，俱不著實，不過養成一個虛寂。此箇病痛，不是小小，不可不早說破。（傳習錄下一一五節）

這是陽明的定論，主四有而破四無。我們須注意，這段話與中年時以事上磨鍊破靜坐悟心體的話是多麼類似。此外還須注意，同樣是四有說，其涵蘊實高於緒山的理解。

四有說與四無說的差異，最顯著的固然是「習心」有無的問題，此卽「有善有惡意之動」與「無善無惡意之動」的差別。但我們還可以問，爲什麼四無說會有認欲作理及無視習心存在的流弊？我們細想，必然會發現到四有說注意良知的批判性，四無說則否，此卽「知善知惡是良知」與「無善無惡知之良」之別，我以爲這是二說最重要的區別，也是王門諸子分派的關鍵。這種區別從陽明思想發展上看，是極易理解的。陽明從誠意工夫中體會到原有個判斷善惡的良知，於是良知應是批判性的。但另一方面，陽明有心卽理之悟、心體之悟，亦卽認識了心體原是明瑩無滯的，心之本體是知，於是良知是無善無惡心體的自我昭顯。陽明晚年專講良知，少談誠意，於是無善無惡的傾向似乎較強。

緒山由工夫以復本體之說，就是從良知的批判性入手，透過爲善去惡的格物，以回到心體的明瑩無滯。這種說法當然比不上從本體入手的說法高明，故緒山之學必轉爲龍溪。然而龍溪的說法有流弊，龍溪說「體用顯微只是一幾，心意知物只是一事」（天泉證道記），一幾一事是渾然全體，沒有良知批判與做工夫的餘地。假如從本體入手，却能保持良知的批判性，工夫得以不廢，就可以兼有龍溪的高明與緒山的切實，陽明高一層次的四有說便是走這條路。

緒山與龍溪都不明白心體的明瑩無滯與良知的批判性原是一個。其實照陽明的說法，心體的明瑩無滯正所以對照出意念之是非，所以從另一個角度來說，心體的明瑩無滯，就是良知的批判性。從心體的明瑩無滯入手，同樣可以做誠意以下的工夫。陽明晚年不太談誠意，但有許多指點「良知與意思之辨」之語，這就是以心體明瑩無滯來批判意念的工夫。陽明的說法，一方面救正龍溪的欠缺工夫，所以說「汝中須用德洪工夫」；一方面提醒緒山的本體不透，所以說「德洪須透汝中本體」。這個說法，在陽明本身也是最高的。我們先舉陽明之言，以論心體明瑩的批判性。知此則知「汝中須用德洪功夫」的意義了。

先生嘗語學者曰：心體上著不得一念留滯，就如眼著不得些子塵沙。些子能得幾多，滿眼便昏天黑地了。又曰：這一念不但私念，便好的念頭亦著不得些子。如眼中放些金玉屑，眼亦開不得了。（傳習錄下一三六節）

這段話是說明心體的無善無惡。「著不得一念留滯」，就是「不要著一分意思」。不著惡念就是「無惡」，「便好的念頭亦著不得些子」就是「無善」。所以說心體是無善無惡的。凡是心裡念頭留滯，著了意思，都是私欲。前面所舉聲色貨利，貪生惡死等都是惡念，其所以爲私是顯而易見的。至於善念之所以爲私，乃在由執著而有我，由有我而爲傲，於是影響及心體的廓然大公，而使行爲偏頗。陽明有言：「諸君常要體此人心本是天然之理，精精明明無纖介染著，只是一無我而已。胸中切不可有，有卽傲也。古先聖人許多好處，也只是無我而已。無我自能謙，謙者衆善之基，傲者衆惡之魁。」（

註九）由此說來，不著善念工夫的重要性並不下於去惡念的工夫，甚至是更深細隱微的一層，能透得過，才能使心體明瑩無滯。現在我們專就本體與工夫的關係說。唯因心體原來明瑩，才會著不得一念留滯，就如眼中放不進一點塵屑。若有一念之著，心體便立刻察覺而求銷去。所以說，心體的明瑩無滯卽是批判性的，無善無惡的心體同時就是知善知惡的良知。

陽明晚年常有「良知與意思」之辨，是一種很細微的誠意工夫。必須先有心體明瑩無滯的自覺，才能分辨出細微的「意思」。以下試分層敍述。

> 一友問：欲於靜坐時，將好名好色好貨等根，逐一搜尋掃除廓清，恐是剜肉做瘡否？先生正色曰：這是我醫人的方子，眞是去得人病根。更有大本事人，過了十數年，亦還用得著。（傳習錄下七十九節）

這工夫卽是前述知行合一敎法進展的第二階段——靜坐而搜剔私欲。陽明的敎法雖有進展，而「搜剔私欲」這一點却是終身不改的。好名好色好貨等根是最粗一層的「意思」，在心體明瑩的對照之下，立卽無所遁形，是以能覺察而去之。

> 問有所忿懥一條。先生曰：忿懥幾件，人心怎能無得？只是不可有耳。凡人忿懥著了一分意思，便怒得過當，非廓然大公之體了。故有所忿懥，便不得其正也。如今於凡忿懥等件，只是箇物來順應，不要著一分意思，便心體廓然大公，得其本體之正了。（傳習錄下三十五節）

由完全潔淨的心發出來的情感事爲便是道。有所忿懥一條是說，心若非完全潔淨，情感的發動便會過當失正。正當的念慮與著了意思的念慮，其區別細微已甚。非有心體明瑩無滯與廓然大公的自覺，勢必不能剖判出來。

問夭壽不貳。先生曰：學問功夫，於一切聲利嗜好，俱能脫落殆盡，尚有一種生死念頭毫髮掛帶，便於全體有未融釋處。人於生死念頭，本從生身命根上帶來，故不易去。若於此處見得破，透得過，此心全體方是流行無礙，方是盡性知命之學。（傳習錄下七十八節）

聲利嗜好是粗的私欲，生死念頭則是最深細又最根本的私欲。生死念頭能見得破，透得過，此心全體方流行無礙，這個工夫是陽明在龍場時曾做過的，此處實是自述其已造之境。這工夫原是最難的，然而若有心體明瑩的自覺，又將不見其難。

先生曰：仙家說到虛，聖人豈能虛上加得一毫實？佛氏說到無，聖人豈能無上加得一毫有？但僊家說虛，從養生上來；佛氏說無，從出離生死苦海上來，却於本體上加却這些子意思在，便不是他虛無的本色了，便於本體有障礙。聖人只是還他良知的本色，更不著些子意在。良知之虛，便是天之太虛；良知之無，便是太虛之無形。日月風雷、山川民物，凡有貌象形色，皆在太虛無形中發用流行，未嘗作得天的障礙。聖人只是順其良知之發用，天地萬物，俱在我良知的發用流行中，何嘗又有一物超於良知之外，能作得障礙？（傳習錄下六九節）

仙家佛家說虛無，實則良知亦不能外於虛無，甚至可進而指出，良知才是眞的虛無。仙家的養生，佛家的出離生死苦海，仍是前一段引文所謂的「生死念頭毫髮掛帶」，就是本體上加了意思，而非眞正虛無。至於良知的虛無，卽是本體的明瑩無滯，不著一分意思。要判別仙家佛家非眞虛無，非先有心體明瑩的自覺不可。

以上敍述了「良知與意思之辨」。我們可以得到兩個結論：一是從無善無惡之心體悟入，正好彰顯出意念的善惡。所以無善無惡的心體，卽知善知惡的良知，是有批判性的。二是良知的批判工作可以到極其深微的境地，甚至可說一生都不能窮盡的。龍溪四無之說是年輕時的見解，後來龍溪亦頗重視良知與意思的分辨。陽明後學，尤其江右一派，多注重涵養心體，而認爲分別善惡的良知是落後一著。根據上述兩點，可知他們把分別善惡的良知看得太粗淺了，未得陽明精義。

以上論心體明瑩無滯必表現爲批判性，所以「汝中須用德洪功夫」。現在進一步說明「德洪須透汝中本體」，此卽在事爲上用功的同時，須不著一分意思。緖山對四句敎的解釋，是從爲善去惡工夫入手，以恢復心體的無善無惡，有先後次序在。陽明則謂用功當時本體卽須透徹，本體透徹仍須使事爲著實。據年譜的記載：

> 德洪請問。先生曰：有只是你自有，良知本體原來無有。本體只是太虛，太虛之中，日月星辰、風雨露雷、陰霾曀氣，何物不有？而又何一物得爲太虛之障？人心本體亦復如是，太虛無形，一過而化，亦何費纖毫氣力？德洪功夫須要如此，便是合本體功夫。

這段話的大意是說人心本體本來是明瑩無滯的，雖有過惡，不足以爲本體的障礙。從良知與意思之辨來說，雖然有聲色貨利，生死之念的意思的存在，却仍有心體明瑩無滯的自覺，此卽良知本體的太虛，無一物能爲其障礙。知善知惡的良知與明瑩無滯的心體是一個，於是由知善知惡到爲善去惡，看似有爲，其實是無爲。因爲這工夫不過是太虛心體的發用，一過而化，不費纖毫氣力，亦無絲髮痕迹，不曾在本體上增減了什麼。做工夫時須有這種領悟，方是合本體工夫。（註十）

陽明對緒山龍溪的調停，是對四有說做高一層次的解釋，一方面透悟本體，一方面又歸宿到事爲上的工夫。玆再引一段話爲證：

> 先生起征思田，德洪與汝中追送嚴灘。汝中舉佛家實相幻相之說，先生曰：有心俱是實，無心俱是幻；無心俱是實，有心俱是幻。汝中曰：有心俱是實，無心俱是幻，是本體上說功夫；無心俱是實，有心俱是幻，是功夫上說本體。先生然其言。洪於是時尚未了達。數年用功，始信本體功夫合一。但先生是時因問偶談。若吾儒指點人處，不必借此立言耳。（傳習錄下一三八節）

這段話的主旨在論本體工夫合一。有心無心，我以爲是指著意與不著意。從本體上說工夫，本體既然透徹，還須在事爲上有爲善去惡的工夫，所以說「有心俱是實」；假如不曾用功，一切事爲，俱不著實，不過養成一個虛寂，就是「無心俱是幻」。從工夫上說本體，爲善去惡工夫不曾對本體有所增減，做工夫時自應廓然不著一分意思，此即「無心俱是實」；假如著了一分意思，善善惡惡就過當失正，失去中寂大公之體，便是「有心俱是幻」。

綜觀以上的討論，我們可以看出陽明對本體工夫的看法，本體須透徹，工夫須確實，而本體的明瑩無滯又須表現於工夫之上。所謂工夫，蓋歸結在四句教的最後一句「爲善去惡是格物」。格物就是事上磨鍊，就是致良知於事物之間而使其得理。下一節我們將說明陽明在點出良知之後，怎樣以各種方式來教人做事上磨鍊的工夫。

第三節　良知與事上磨鍊——實例的指點

從工夫論的觀點看陽明學說，陽明提出事上磨鍊說之後，其工夫論大體已告確定。致良知、四句教諸教法的提出，雖然是其學問進展的重要階段，但是若從工夫論的觀點看來，不但未違背事上磨鍊說，反而是事上磨鍊工夫「所操益熟，所得益化」而體悟出來的。良知是相應於事上磨鍊的「心悟」，已見於第四章；而前節更提到做工夫時須悟心體的太虛無形，一過而化。這些悟解若有其實義，而非「懸空想箇本體」的話，必須有極熟而入化的工夫爲基礎的。從另一方面來說，良知又是事上磨鍊工夫的指導，所以說是「格物的眞訣，致知的實功」。

我們要指出，陽明聚集生徒講明良知，並非僅爲了點出高明的境界。陽明講學的最大用意，在讓學者於任何場合做工夫都能得力。梨洲說：「自姚江指點出良知人人現在，一反觀而自得，便人人有個作聖之路。故無姚江，則古來之學脈絕矣！」（註十一）卽是說，指點出良知，意在使人人在自心中有個現成的憑藉，遂可以隨着自已的境遇去尋求作聖之路。自堯舜以來，雖聖賢代出，畢竟都已成了古人，古人不能爲今人謀。陽明提倡良知之學，以爲是「考三王、建天地、質鬼神、俟後聖，無弗同者。」今人的良知就是古聖賢的良知。今人在自己的時代環境、各別遭遇中運用良知，其所爲即上同於古聖賢之道，於是「古來之學脈」得以不絕。陽明講學，聽講者包括了官員、吏胥、詩人、士子，以至於田夫野老，這些人既各有其職業，講學只是對人心共有良知的指點。聽講之後，還須回到各人的職業與日常生活上去尋求作聖之路，才是做工夫。所以說，陽明發明良知，用意在使人自知自信而自尋事上磨鍊的工夫，並不是爲了玄學趣味而開講。以下試舉數例來說明良知是工夫的指導。

> 門人日進。郡守南大吉以座主稱門生。然性豪曠不拘小節。先生與論學，有悟，乃告先生曰：大吉臨政多過，先生何無一言？先生曰：何過？大吉歷數其事。先生曰：吾言之矣！大吉曰：何？曰：吾不言，何以知之？曰：良知。先生曰：良知非我常言而何？大吉笑謝而去。居數日，復自數過加密。且曰：與其過後悔改，曷若預言不犯爲佳也？先生曰：人言不如自悔之眞。大吉笑謝而去。居數日，復自數過益密。且曰：身過可勉，心過奈何？先生曰：昔鏡未開，可得藏垢。今鏡明矣！一塵之落，自難住脚，此正入聖之機也，勉之。（年譜五十三歲正月）

分析這段記載可見陽明講良知的精神。南大吉是郡守，其事爲是政務。其臨政處是己所獨知，而他人所難代籌的。講良知乃發明人人同有的本心，至於致良知的工夫只有各人在自己的事爲上照察。然而良知講明了，就知如何的照察與自治，不用謀於他人了。陽明在答顧東橋書中說良知之於節目時變猶規矩尺度之於方圓長短，有了規矩尺度，則天下之方圓長短不可勝用；良知誠致，則天下之節目時變不可勝應，就是這個意思。

從這段記載又可看出陽明怎樣指點良知。良知卽知是知非而好善惡惡的本心，人只要眞誠的自反，就可以自見過惡。自見過惡是容易的，工夫乃在去其過惡，卽致良知格物之功。陽明有云：「良知自知原是容易的，只是不能致那良知，便是知之匪艱，行之惟艱。」（註十二）難處蓋在「致」。又解釋「孔子有鄙夫來問」章說：「鄙夫自知的是非，便是他本來天則。雖聖人聰明，如何可以增減得一毫？他只不能自信。夫子與之一剖決，便與竭盡無餘了。」（註十三）原來每人都有自知的是非，講學只是剖決出來，使其自信而已。至於如何推致到各人的事爲上，就看各自努力了。這種自見自治其過惡的工夫又當益細密而入精微，南大吉既知自反，就會「數過益密」，以至不僅勉力「身過」，更進而求「心過」。其能自治，就是臨政之際「爲善去惡是格物」的工夫了。

這段記載還有兩處可發明無善無惡說，一是心如明鏡。前文解釋無善無惡心之體時，曾謂心體的明瑩無滯就是至善。心如明鏡就是無善無惡，亦卽心體上沒有私欲、意思、念頭等的執著，對於善惡之來，遂能有正確的判斷與抉擇；若有私欲也能立卽覺察，所謂一塵之落，自難住脚，所以「無善無惡是謂至善」、「良知是無善無惡的」諸語都是可說的。另外值得注意處就是陽明的教法。陽明不攻人惡，只教人自省，雖是「人言不如自悔之眞」，却也是以無善無惡說爲其根據的。前文曾說執著於善念，容易流於有我與傲，反而變成影響心體廓然大公的私欲。指責之言所以難入，所謂惡聲至必反之，就是爲了傲意凌人，人必不堪，但假如領悟心體的無善無惡，明瑩無滯，則其工夫只在照察自己的私欲過惡而化除之。其講求良知之學乃是開啟他人的明鏡，使之反省自克。於是致良知是一種各人反省自克，而互相感發的學問。陽明曾教人反已而不責人，謂「舜能化得象的傲，其機括只是不見象的不是，若舜只要正他的姦惡，就見得象的不是矣！象是傲人，必不肯相下，如何感化得他？」結論爲「你今後只不要去論人之是非，凡當責辯人時，就把做一件大已私克去方可。」（註十四）論人是非卽善念，也要當做己私克去。但自已能做到心如明鏡，自然能感化得別人也做自省工夫。

陽明主張在各自的事爲上做致良知的工夫，所以傳習錄年譜中也多隨時隨事指點之語。譬如童子只能灑掃應對，就致這一點灑掃應對的良知；童子知畏先生長者，亦是其良知，嬉戲中見了先生長者，便去作揖恭敬，便是格物以致敬師長的良知。（註十五）童子自有其不待學慮的良知，童子只經歷灑掃應對諸事，於是只能就其上分別是非善惡，至於分別善惡的良知本身仍是無限的。聖人之運用也同是這無限的良知，所以陽明能說「我這裡言格物，自童子以至聖人皆是此等工夫」。做舉業時亦可致做舉業的良知，有人問讀書時一種科目意思牽引而來，不知何以免此？陽明說：「只要良知眞切，雖做舉業，不爲心累，總有累，亦易覺，克之而已。且如讀書時，良知知得強記之心不是，卽克去之；有欲速之心不是，卽克去之；有誇多鬪靡之心不是，卽克去之。如此，亦只是終日與聖賢印對，是箇純乎天理之心，任他讀書，亦只是調攝此心而已，何累之有？」（註十六）讀書時若有「調攝此心，與聖賢印對」以外的念頭，就是「出位之思」，累心的私欲。覺而克去就是致讀書的良知了。當時讀書是爲了做舉業，本來是功利之事，自然不免有「一種科目意思牽引出來」。陽明教人雖做舉業，若以純乎天理之心讀書，卽可免於舉業之累。社會上許多既定的制度習俗，如科舉之類，入乎其中則陷於爭名奪利之場，出乎其外則又離羣索居，制度習俗又一時無改善的可能，人處其中，只有致其良知、斟酌折中以應之，如此亦有變功利爲道義的可能。如藉做舉業的機會好好讀書養心，（註十七）雖未嘗沒有功利的結果，而其所爲確是道義之事。又如應考時亦可以致良知，緒山將赴省試，陽明敎以「胸中須常有舜禹有天下不與氣象」，因爲「舜禹有天下而身不與，又何得喪介於其中？」（註十八）這話雖有勸人寬心之意，然存此氣象，便是致赴試的良知。中舉與否，不過「用之則行，舍之則藏」而已。出仕不過是行道，本無所得。舜禹治天下，是良知流行於「治天下」，「治天下」原不爲私，自然不成爲良知的障礙。若以此心應舉，自無纖介於懷了。此外，爲大臣亦有致良知工夫。陽明與黃宗賢書：「古之大臣，更不稱他知謀才略，只是一個斷斷無他技，休休如有容而已。諸君知謀才略，自是超然出於衆人之上，所未能自信者，只是未能致得自己良知，未全得斷斷休休體段耳。須是克去己私，眞能以天地萬物爲一體，實康濟得天下，挽回三代之治，方是不負如此聖明之君，方能不枉此出世一遭也。」（註十九）官場是權力競逐之地，然而在官場中仍可變功利爲道義，其關鍵只在致良知而克去己私，保全誠篤寬容之心。知謀才略可做結黨營私的工具，亦可作康濟天下的把柄，只看用心如何了。在陽明書中還可以找到許多在實務上致知格物的訓誨，推廣來說，眞可謂「如此格物，雖賣柴人亦是做得，雖公卿大夫，以至天子，皆是如此做」了。

第四節　良知與事上磨鍊——概念的分析

以上舉了幾個實例來說明陽明講良知，意在開啟人心之明鏡，其工夫則必須落實到事上磨鍊。我們若把陽明思想中一些重要辭彙略作分析，也同樣可看出這個意思。

狂與中行。年譜五十二歲二月條，陽明與學生論當世謗議日熾的原因，於是遂論鄉愿狂狷之辨。鄉愿闇然媚於世，固不足論，但狂者猶未盡善，還須裁成以進於道。「狂者志存古人，一切紛囂俗染，舉不足以累其心，眞有鳳凰翔于千仞之意。一克念，卽聖人矣！惟不克念，故濶略事情，而行常不揜。惟其不揜，故心尙未壞，而庶可與裁。」蓋狂者不揜其眞是眞非的良知，（註二十）故可與裁。其進步之道則須注重事爲上的實踐，卽所謂克念不濶略事情是也。五十三歲八月宴門人於天泉橋一條所論尤詳。說：「昔者孔子在陳，思魯之狂士。世之學者，沒溺于富貴聲利之場，如拘如囚，而莫之省脫。及聞孔子之教，始知一切俗緣，皆非性體，乃豁然脫落。」此卽狂者能悟性體，而自拔於流俗之謂。但進一步還有說：「但見得此意，不加實踐，以入於精微，則漸有輕滅世故，闊略倫物之病。雖比世之庸庸瑣瑣者不同，其爲未得於道一也。」實踐就是致意於世故倫物之間，也就是所謂事上磨鍊，事上能致得良知，卽其所謂「入於精微」了。前一節論四有四無說，陽明謂「汝中須用德洪功夫」，原因是「只去懸空想個本體，一切事爲，俱不著實，不過養成一個虛寂」。汝中由悟心體契入，就有流於狂的危險；陽明教他在事爲上做著實工夫，亦是裁成以進於中行。

勿忘勿助與必有事焉。勿忘勿助是陽明好友湛甘泉所揭的重要宗旨。（註二十一）陽明以爲勿忘勿助說偏重於境界的尋求，將流於虛寂。陽明相對地主張必有事焉，卽是事爲上致良知。傳習錄中答聶文蔚第二書有云：「近日一種專在勿忘勿助上用工者，其病正是如此。終日懸空去做箇勿忘，又懸空去做箇勿助，渀渀蕩蕩，全無實落下手處，究竟工夫只做得箇沈空守寂，學得一個癡騃漢。」勿忘勿助是使天理自然流行的工夫，但陽明以爲這只是懸想境界而已，沒有下手之處，等於不曾用功。於是「才遇些子事來，卽便牽滯紛擾，不復能經綸宰制。」雖有妙境，一遇事爲便依然故吾，又有什麼意義呢？所以陽明只說必有事焉。「夫必有事焉，只是集義，集義只是致良知。說集義，則一時未見頭腦；說致良知，卽當下便有實地步可用工。」致良知於事爲之上，是心事兩得，工夫若能熟練，不患沒有境界，便是包括勿忘勿助工夫了。所以「區區專說致良知。隨時就事上致其良知，便是格物；著實去致良知，便是誠意；著實致其良知，而無一毫意必固我，便是正心。著實致良知，則自無忘之病；無一毫意必固我，則自無助之病。故說格致誠正則不必更說箇忘助。」

儒釋之辨。第一章敍述陽明青年時代對出世入世抉擇時，曾謂陽明由肯定愛親本性而覺悟人不可以離羣獨善。引伸言之，儒者入世，須重事爲；佛家出世，則偏虛寂。有問釋氏養心而不可治天下的，陽明說：「吾儒養心，未嘗離却事物，只順其天則自然，就是功夫。釋氏却要盡絕物，把心看做幻相，漸入虛寂去了，與世間若無些子交涉，所以不可治天下。」（註二十二）陽明以爲佛家宗旨是無，外則盡絕事物，內亦無心可得，所以入於虛寂。儒家是「致吾心良知之天理於事事物物，則事事物物皆得其理矣」，養心的工夫同時便是使事物順其天則自然的工夫，所以可治天下。陽明又有「佛氏不著相，其實著了相；吾儒著相，其實不著相」之說，佛氏為君臣父子夫婦著相，便須逃避，有逃避的意思便著了相。儒家則物來順應，有君臣諸相，則以仁義別諸德還之，廓然無我，便是不著相。（註二十三）陽明除了辨儒釋，還有許多須在事為上用功，不可沈溺虛寂的指示。如謂三更時分空空靜靜的心卽是如今應事接物之心（註二十四），「人須在事上磨鍊做功夫乃有益，若只好靜，遇事便亂，終無長進。那靜時功夫，亦差似收斂，而實放溺也」（註二十五），「學者要使事物紛擾之時常如夜氣一般，就是通乎晝夜之道而知」（註二十六）諸語皆可視為儒釋之辨的引伸。

動靜。陽明思想核心之一的動靜問題也可以從事上磨鍊的角度來觀察。動靜問題，傳習錄中答陸原靜二書發揮甚詳。原靜自己的問題是「此心無時寧靜」。凡做工夫處皆是心動，無刻暫停，所以想求寧靜，更進而想求「前念易滅，後念不生，良知獨顯，而與造物者遊」的境界。陽明則告以致良知是動靜之時皆做工夫。我們試看陽明對動靜的解釋，有兩種動靜，其一是就有事無事而說的：「未發之中，卽良知也，無前後內外而渾然一體者也。有事無事，可以言動靜，而良知無分於有事無事也。寂然感通，可以言動靜，而良知無分於寂然感通也。動靜者，所遇之時；心之本體，固無分於動靜也。」這是以所遇之時來說動靜。至於良知則恆在，致良知的工夫當貫通有事無事，此卽廣義的事上磨鍊。第二種乃就循理從欲而言：「理，無動者也，動卽為欲。循理，則雖酬酢萬變，而未嘗動也。從欲，則雖槁心一念，而未嘗靜也。」陽明願原靜尋求第二種寧靜。這種寧靜是從事上磨鍊（廣義）來的，故謂「雖酬酢萬變，而未嘗動也」，所謂「動而不動」。（註二十七）至於原靜嚮往虛寂無累之境，不免有「將迎意必之私」，反而是「從欲則雖槁心一念，而未嘗靜」了。原靜又謂「良知超然於體用之外」，遂願「前念易滅，後念不生，良知獨顯，而與造物者遊」。陽明告以「體卽良知之體，用卽良知之用，寧復有超然於體用之外者乎？」體就是「中寂大公」，若能盡去昏蔽，存養純熟，就能保全良知之體，此卽第二種寧靜。用就是「酬酢萬變」，若從無私欲之心發出來，卽是良知之用。中寂大公之體表現在酬酢萬變之中，便能「動而不動」，就是事上磨鍊的工夫。

理氣。原靜對道教養生之說感興趣，問陽明精神之說。陽明答云：「精一之精，以理言；精神之精，以氣言。」宋儒依大禹謨講精一之學，乃是道德實踐的學問。依陽明，此精是在事爲上存天理去人欲的意思，（註二十八）故曰「以理言」。原靜所說的精神則出自道教養生之談，乃完全就氣質生命而言，故曰「以氣言」。陽明指出道德實踐和氣質生命的密切關係：「理者，氣之條理；氣者，理之運用。無條理，則不能運用；無運用，則亦無以見其所謂條理者矣！」透過道德實踐，氣質生命始得其條理，得條理則生命不壅滯斲喪，而愈見暢發。透過氣質生命，才能發出道德實踐的行爲與見到道德實踐的功效。（註二十九）道德實踐與氣質生命密切相關，但工夫只應就道德實踐而言。陽明說：「精則精，精則明，精則一，精則神，精則誠。」是以儒者之「精」爲工夫。「一則精，一則明，一則神，一則誠。」是以儒者之「一」爲成果。然而氣質生命的「精神」的培養亦已包括於其中了。

道德實踐與氣質生命有互相憑藉以成全之義，「但後世儒者之說，與養生之說，各滯於一偏，是以不相爲用。」陽明以理氣爲一，後世儒者則以理氣爲二。理氣是宋明理學最重要的概念，但根據剛才的分析，理氣是一是二不必是形上學的構思，而只是把道德生活的實際情況用學術詞彙表達罷了。氣在前文中指氣質生命，但氣還可指一切具體實然的存在。理氣爲一，就是道德實踐須透過具體事爲。有問孟子爲何反對生之謂性的，陽明答以告子之失在不曉得頭腦。生之謂性卽是以氣爲性，孟子亦如此主張，孟子說形色天性也，這也是指氣說。告子信口說，任意行，就要有過差。孟子「曉得頭腦，依吾良知上說出來，行將去，便自是停當。然良知亦只是這口說，這身行，豈能外得氣，別有個去行去說？」頭腦卽良知，亦卽理。形色、言行皆是氣。氣不卽是理，所以「信口說、任意行」未必得當；但理必須透過氣而表現，所以良知只是這口說身行而停當者。假如繼續發揮理氣爲一的思想，還可進論人與天地萬物一體、草木瓦石的良知諸義，但我不再多言。前文所述，已足以表達良知不能外於事爲的意思了。

內外。

陽明講學之時，當世程朱學者相率目之爲禪學，如顧東橋謂陽明爲救末學務外遺內之失，遂矯枉過正而流爲明心見性定慧頓悟之機。當時還有一位重要學者羅整菴遺書陽明，反對心卽理之說，主張向外格物，而認識同爲物我基礎的乾坤之理。整菴說：「凡吾之有此身，與夫萬物之爲萬物，孰非出於乾坤？其理固皆乾坤之理也。……夫何分於內外乎？所貴乎格物者，正欲卽其分之殊，而有見乎理之一，無彼無此，無欠無餘，而實有所統會。」（註三十）整菴格物的基本性格仍是知識工夫，陽明答書見傳習錄中，首論講學是實踐之事，又力辯自己的格物工夫無內外之分。陽明說：「夫道必體而後見，非已見道而後加體道之功也。道必學而後明，非外講學而復有所謂明道之事也。然世之講學者有二，有講之以身心者，有講之以口耳者。講之以口耳，揣摸測度，求之影響者也。講之以身心，行著習察，實有諸己者也。知此，則知孔門之學矣！」陽明反對見道而後體道，就是以爲由知識工夫無法入道。至於講之以身心，行著習察，實有諸己，則是經由實踐，而體會事爲是本心的發用流行，於是唯有實踐可以入道。整菴以爲陽明學不資於外求，但以反觀內省爲務，故其格物是贅辭。陽明則指整菴爲誤解，謂：「夫理無內外，性無內外，故學無內外。講習討論，未嘗非內也；反觀內省，未嘗遺外也。」陽明變事上求理爲心卽理，被認爲是反觀內省，是內非外。這是不解陽明「心無內外」的主張。身行、口說、事爲，都是心的表現。既然心無內外，做工夫也便沒有內外。講習討論與反觀內省都不外乎實踐時的行著習察，未嘗非內與遺外。格物並非贅辭，既然心無內外，則格物只是在具體可著力處用功，而不可謂爲向外用功。所以說：「格物者，其所用力實可見之地，故格物者，格其心之物也，格其意之物也，格其知之物也。」物是心意知的表現，所以格物不是外在工夫。「正心者，正其物之心也；誠意者，誠其物之意也；致知者，致其物之知也。」正心誠意致知等反觀內省之事，實指遇事物時反省自治的工夫，遂不可說是遺外。這樣說來，從正心到格物，只是一個內外合一的事上磨鍊工夫。由其特舉格物，謂爲「大學之實下手處，徹首徹尾，自始學至聖人，只此工夫而已」，更可看出對事上磨鍊的重視。陽明又有言：「我這裡功夫不由人急心。認得良知頭腦是當，去樸實用功，自會透徹。到此便是內外兩忘，又何心事不合一？」（註三十一）如果急心，不免流爲忽略事爲，而有枯寂驕惰之病。但在事爲上用功，便是在心事合一處用功，自然會內外兩忘而透徹。

【附註】

註一　德洪所記較近師門之教，又可參考牟宗三：王陽明致良知教，六四－九一頁。至於黃梨洲明儒學案疑四句教爲陽明未定之見，錢穆先生自考據觀點指出梨洲的論據至爲薄弱，參考錢穆：王守仁，九七－一〇〇頁。

註二　參看傳習錄上，第五節。

註三　參看第四章第二節，參。

註四　傳習錄下一二一節：「良知自知原是容易的，只是不能致那良知，便是知之匪艱，行之惟艱。」

註五　心體之善與無善無惡的並行不悖有許多種解釋，梨洲謂：「無善無惡者，無善念惡念耳！非謂性無善無惡也。」（明儒學案卷十：姚江學案序）東林學派強調心性的分別，如高景逸謂：「人心一片太虛，是廣運處。……一點至善，是眞宰處。」（高子遺書卷八上，四六頁下）唐君毅先生謂其強調「善的在先性」是也。（中國哲學原論原教篇四四九頁）梨洲、東林、唐先生的解釋可歸爲一派。周海門解無善無惡爲「無惡二字足竭力一生，無善者不干名著善。」（東越證學錄卷五，文海本四二六頁）「爲善只是不得已之行，非立志要行善。」（卷一，一三九頁）大概還是「無善念無惡念」的意思；然其無善無惡的不悖於善，是「只此心虛無一物便是善」（卷二，一六五頁），實無道德意義，只是自然，此又是一派。我的解釋則重在心雖虛無一物而能爲道德判斷，蓋取王龍溪語錄維揚晤語：「良知是虛心應物，……譬之明鏡當臺，妍媸自辨。」（廣文本五～六頁）之意。

註六　傳習錄下二十一節。

註七　年譜五十六歲十月條：「臨別囑曰：工夫只是簡易眞切。愈眞切，愈簡易；愈簡易，愈眞切。」

註八　小心齋劄記卷十四。

註九　傳習錄下一四〇節。

註一〇　梨洲謂陽明「居越以後，所操益熟，所得益化，時時知是知非，時時無是無非。」（明儒學案卷十：王陽明傳）知是知非即爲善去惡工夫，無是無非卽未嘗在本體上增減，此陽明已造之境。

註一一　明儒學案卷十：姚江學案序。

註一二　傳習錄下一二一節。

註一三　傳習錄下九十五節。

註一四　傳習錄下四十五節。按，此是陽明指點良知的重要意旨，張濟時「陽明講學的精神和風度」特列「反己的風度」爲一節，見該書頁四二～四五。玆再擧兩例以供參考。傳習錄下九十四節載有父子訟獄，陽明教之以「舜常自以爲大不孝，所以能孝；瞽瞍常自以爲大慈，所以不能慈」。又西園聞見錄卷七頁四十六載一故事，以其較罕見，具錄於下：「一日市人鬨而詬。甲曰：爾無天理。乙曰：爾無天理。甲曰：爾欺心。乙曰：爾欺心。先生聞之，呼弟子曰：聽之！夫夫哼哼，講學也。弟子曰：詬也，焉云學？曰：汝不聞乎？曰天理曰心，惟知責諸人，不知反諸己，故也。致良知者，惟反之自心，不昧此理耳！先生察邇言，謹細節，一語默無不鍛鍊人，類如此。」

註一五　傳習錄下一二〇節。

註一六　傳習錄下四十一節。

註一七　陽明少年曾做此工夫，見年譜十八歲條。本文第一章第一節亦曾擧出。

註一八　年譜五十一歲七月條。

註一九　年譜五十六歲正月條。

註二〇　陽明此處似是如此釋「不揜」，與朱注「言平考其行，則不能覆其言也」（蓋謂狂者好說大話）不同。

註二一　甘泉學說可參考明儒學案卷三十七。

註二二　傳習錄下七十節。

註二三　傳習錄下三十六節。

註二四　傳習錄下三十一節。

註二五　傳習錄下第四節。

註二六　傳習錄下六十八節。

註二七　秦家懿「獲得智慧」頁一一七，謂心是動的，一直在行德，和諧是動中的和諧。按，以此釋動而無動，甚爲得當。

註二八　參考傳習錄上二十八節。

註二九　可參考第二章第三節論理是眞己的一段。

註三〇　困知記附錄：與王陽明書。

註三一　傳習錄下六十三節。

第七章　良知與事爲（下）——經世思想

第一節　明德親民說

陽明早年曾溺於遊俠辭章，又曾溺於神仙出世，最後因爲愛親一念而返回儒家，這些經歷、性情所帶來的見解都蘊釀成其學的重要成份。陽明性本眞摯，但他早年的有志用世難免帶着功名的期許和英雄主義的色彩。到三十三歲返回儒家時，這些渣滓都澄汰淨盡，以爲入世是基於人性，人應民胞物與，不可鳥獸同群。三十五歲時作山東鄉試錄，即發揮「禹思天下有溺者，由己溺之也；稷思天下有飢者，由己飢之也」之義。這些經歷的體驗化爲對儒學基本性格的認識，他以爲儒學是在霸者功利和老佛出世兩歧之間的正路。（註一）儒者應同時講求明德親民，只講明德而不顧天下蒼生，就是老佛的學術（此如其出世）；只講功業設施而不本於德性，就是霸者的學術（此如其少年用世之志）。他經歷過，悔悟過，而後確定了明德親民之道。

陽明在龍場之悟後說儒者可以不必用世，但他只以爲這是並行之道，所謂「若其遯世無悶，樂天知命者，則固無入而不自得，道並行而不相悖也」。（註二）儒者的理想固應是明德親民兼備的。所以雖其學十九在教人做身心上的工夫，在古本大學序裏，他還要提出「以言乎己，謂之明德；以言乎人，謂之親民；以言乎天地之間則備矣！」一己的身心上有體用，己與天下又是一層體用關係，不可漠不關情。

陽明晚年時對良知的體驗已十分成熟，常根據良知而講天地萬物一體之義。根據這個見解，可以把明德親民義發揮得十分透徹。

陽明晚年的教法，是先指點萬物同體之旨，再教人做工夫。年譜嘉靖三年五十三歲條云：

門人日進。……宮刹卑隘，至不能容。蓋環坐而聽者三百餘人。先生臨之，只發萬物同體之旨，使人各求本性，致極良知，以止於至善。功夫有得，則因方設教。故人人悅其易從。

程明道識仁篇有「仁者以天地萬物爲一體」之語，成爲宋明理學家共同的理想。陽明則用良知來講萬物同體，其講法是由良知對天地萬物的感應來說。陽明有「目無體，以萬物之色爲體」的比喻。蓋目只是明，明不是體（體是體質之義），萬物之色才是體。這比喻與前章論理氣處合看便明。明猶如理，體猶如氣，理只能在氣上表現，理自身則無實然性的存在。陽明進而說「心無體，以天地萬物感應之是非爲體。」心對天地萬物的感應與目微有不同，心之靈明是良知，隨着感應而有是非善惡的價值判斷，在感應中所建立的不但是實然的存在，更是價值的存在。所以陽明又曾說：「我的靈明，便是天地鬼神的主宰。天沒有我的靈明，誰去仰他高？地沒有我的靈明，誰去俯他深？鬼神沒有我的靈明，誰去辨他吉凶災祥？天地鬼神萬物離却我的靈明，便沒有天地鬼神萬物了。我的靈明離却天地鬼神萬物，亦沒有我的靈明。如此便是一氣流通的，如何與他間隔得？」（傳習錄下一三七節）由於良知，我們不但知有天地鬼神萬物，更建立了天的高，地的深，鬼神的吉凶災祥。天地鬼神的價值依於良知的判斷，所以說良知是天地鬼神的主宰。天地萬物固然靠我的靈明而存在，但我的靈明仍須「以天地萬物爲體」，故可說是一氣流通，天地萬物同體。

我們又可以問，爲什麼良知會去感應天地萬物？因爲良知包括了良能，（註三）以達之天下爲其本性。良知本來就會向外流行推擴，且不到推擴之極不止，這是天能，而非人力。所以說：「良知是天植靈根，自生生不息。」只要沒有私意障礙，良知自然會充天塞地。

前文所論萬物同體，乃從良知爲是非判斷的一面立論。然而良知又有眞誠惻怛一義，其感應天地萬物，乃表現爲不容已與無限的仁心。陽明晚年敎旨，蓋取此義，說：

> 大人之能以天地萬物爲一體也，非意之也，其心之仁本若是。其與天地萬物而爲一也，豈惟大人？雖小人之心亦莫不然，彼顧自小之耳。是故見孺子之入井，而必有怵惕惻隱之心焉，是其仁之與孺子而爲一體也。孺子猶同類者也，見鳥獸之哀鳴觳觫，而必有不忍之心焉，是其仁之與鳥獸而爲一體也。鳥獸猶有知覺者也，見草木之摧折而必有憫恤之心焉，是其仁之與草木而爲一體也。草木猶有生意者也，見瓦石之毁壞而必有顧惜之心焉，是其仁之與瓦石而爲一體也。是其一體之仁也，雖小人之心亦必有之。是乃根於天命之性而自然靈昭不昧者也，是故謂之明

德。（大學問）

陽明晚年萬物同體之教實是五十歲致良知之教以來又一次突破性的進展。陽明的工夫論原重「修己」之義。龍場之悟以後提出心卽理，此心無私欲之蔽卽是天理；其知行合一的工夫雖次第進展而歸結於事上磨鍊，開了明德親民只是一事的契機，但其重點終是落在反己自修上，親民乃是另一事。陽明告徐愛：「堯典克明峻德，便是明明德；以親九族，至平章協和，便是親民，便是明明德於天下。又如孔子言修己以安百姓，修己便是明明德，安百姓便是親民。」（註四）四十七歲作古本大學原序，謂「以言乎己，謂之明德；以言乎人，謂之親民。」明德親民雖有體用關係，但明德只是指此心無私欲之蔽，與親民仍是兩個。陽明五十以後提倡致良知教，强調心體自知自顯，以爲「格物的眞訣，致知的實功」，遂不必去心上尋天理而流於沈空守寂。良知成爲事上磨鍊的指導，事上磨鍊成爲暢遂良知的工夫。上章討論良知與事爲，卽發揮此意。可見「修己」始終是陽明工夫論的最主要意思。

然而大學問中明德一段則有值得注意的良知新義，卽是以良知爲萬物一體的惻怛之心。陽明晚年講心事合一，內外合一，理氣合一，皆重良知須表現在言行、事物、氣質生命之義。推擴言之，更可論我與天地萬物的一氣流通。於是良知不應只是一個孤明，而應表現在對孺子、鳥獸、草木、瓦石的惻隱上，而與孺子等等成爲一體，這是理論上無可疑的。但進一步說，這不應止於理論，而應是感受之事。陽明學問的趣向是簡易與眞切。五十歲致良知之教，良知是心體常知常顯，卽眞切；良知是格物的眞訣，卽簡易。現在的萬物一體之仁，其眞切簡易尤有過之。舊謂心體常知常顯，乃是「知來本無知，覺來本無覺」，是沒有內容的。良知新義，謂見孺子入井而怵惕惻隱，見鳥獸哀鳴觳觫而不忍，見草木摧折而憫恤，見瓦石毀壞而顧惜，則是隨機而起的最眞切最具體的感受。傳習錄中答聶文蔚第一書談到萬物一體的感受：「夫人者，天地之心。天地萬物本吾一體者也，生民之困苦荼毒，孰非疾痛之切於吾身者乎？不知吾身之疾痛，無是非之心者也。是非之心，不慮而知，不學而能，所謂良知也。」此卽良知新義。

由明德進一步就須講親民。陽明說：

明明德者，立其天地萬物一體之體也。親民者，達其天地萬物一體之用也。故明明德必在於親民，而親民乃所以明其明德也。

明德就是天地萬物一體之仁，於是明德就在親民上見，親民正是實現明德。（註五）明德與親民完全是一個，只有體用之分。二者又互相依存，少了一個，也就沒有另一個。至此，明德與親民的義蘊已發揮到極致。陽明三十一歲決定入世之後，已知人與人世的根本聯繫，遂强調民胞物與之懷與用世的責任之心，並且强調內聖工夫須在事爲上做。但到了這時，他才直指民胞物與之懷與責任之心是明德。明明德與親民只是一事，乃天地萬物一體的立體與達用。陽明中年以前，親民的事爲不在明明德工夫之中。所謂的事上磨鍊只是卽事正心誠意，客觀性的事爲本身是不相干的。如今則要求親民的事爲，須實際有益人類，才是明明德，不是只求內心修養就夠了。前文曾屢言，陽明論事爲皆指道德行爲而言，而不談無道德意義的實然層面。此處，陽明蓋謂明明德工夫須包括親民事爲的實踐。同一親民事爲，可分析出道德意義的應然層面與無道德意義的實然層面，陽明著重的仍是前者。所以明德親民說只可謂道德實踐的極度擴展，而達立己立人一以貫之的境界，而不可說陽明晚年轉而重視無道德意義的實然層面。

陽明擴大明明德的範圍，使立己與成物都成爲明明德工夫。這樣便化兩件爲一事，使其工夫愈趨簡易。至於致良知以去私欲之蔽的工夫仍然照舊，然其意義已經稍變。致良知工夫是由實踐以達到明德親民一體之仁。明德親民一體之仁，是大人本然之仁，只因私欲間隔而自小了。修身以至致知格物之功，正爲了去除私欲之蔽，以恢復一體之仁。陽明又說：

盡精微，卽所以致廣大也。道中庸，卽所以極高明也。蓋心之本體，自是廣大底。人不能盡精微，則便爲私欲所蔽，有不勝其小者矣！故能細微曲折，無所不盡，則私欲不足以蔽之，自無許多障蔽遮隔處，如何廣大不致？（傳習錄下一二五節）

心體的廣大就是明德親民一體之仁，盡精微就是致知格物以去私欲之蔽的工夫，亦卽在明德親民的活動中去除私欲的障礙，使得萬物一體之仁得以暢遂。這是陽明晚年之教既高明廣大又中庸精微之槪略。

第二節　拔本塞源論

答顧東橋書最後一段是拔本塞源論，拔本塞源指拔功利之本，塞功利之源，可知其用意在斥功利之毒。今試摘錄其要點，並略作說明。

> 夫聖人之心，以天地萬物爲一體。其視天下之人，無外內遠近，凡有血氣，皆其昆弟赤子之親，莫不欲安全而教養之，以遂其萬物一體之念。

這是說的聖人之心。至於常人之心，則是：

> 天下之人心，其始亦非有異於聖人也。特其間於有我之私，隔於物欲之蔽，大者以小，通者以塞。人各有心，至有視其父子兄弟如仇讎者。

教育就是使天下之人心克私去蔽，而恢復天地萬物一體之仁：

> 聖人有憂之，是以推其天地萬物一體之仁以教天下，使之皆有以克其私，去其蔽，以復其心體之同然。

至於才能的教育，則爲德性前提之下的專才教育：

> 學校之中，惟以成德爲事。而才能之異，或有長於禮樂，長於政教，長於水土播植者，則就其成德，而因使益精其能於學校之中。迨夫舉德而任，則使之終身居其職而不易。

這就是堯舜三代的教育。這時，社會上人人都能本着萬物一體之念，在事業上相安相濟，而非常的和諧圓滿：

> 當是之時，天下之人，熙熙皡皡，皆相視如一家之親。其才質之下者，則安其農工商賈之分，各勤其業，以相生相養，而無有乎希高慕外之心。其才能之異，若皐夔稷契者，則出而各效其

> 能，若一家之務，或營其衣食，或通其有無，或備其器用，集謀幷力，以求遂其仰事俯育之願。惟恐當其事者之或怠，而重己之累也；故稷勤其稼，而不恥其不知教，視契之善教，卽己之善教也。夔司其樂，而不恥於不明禮，視夷之通禮，卽己之通禮也。蓋其心學純明，而有以全其萬物一體之仁，故其精神流貫，志氣通達，而無有乎人己之分，物我之間。

三代之後，這種教法就失傳了。沒有了萬物一體之念，一切都以自私自利爲前提。幾千年來功利之毒淪浹於人的心髓，凡是講究博學多能的都是爲了自濟其私利私欲。

> 聖人之學，日遠日晦，而功利之習，愈趨愈下，其間雖嘗瞽惑於佛老，而佛老之說，卒亦未能有以勝其功利之心。雖又嘗折衷於羣儒，而羣儒之論，終亦未能有以破其功利之見。蓋至於今，功利之毒，淪浹於人之心髓，而習以成性也，幾千年矣！相矜以知，相軋以勢，相爭以利，相高以技能，相取以聲譽。其出而仕也，理錢穀者，則欲兼夫兵刑；典禮樂者，又欲與於銓軸；處郡縣，則思藩臬之高；居臺諫，則望宰執之要。故不能其事，則不得以兼其官；不通其說，則不可以要其譽。記誦之廣，適以長其敖也；知識之多，適以行其惡也；聞見之博，適以肆其辯也；辭章之富，適以飾其僞也。是以皐夔稷契所不能兼之事，而今之初學小生，皆欲通其說，究其術。其稱名借號，未嘗不曰吾欲以共成天下之務，而其誠心實意之所在，以爲不如是則無以濟其私而滿其欲也。

以上是拔本塞源論的大旨，今試做個綜合的說明。陽明所痛斥的「功利之毒」，就是從社會角度來稱呼私欲。在此之前，陽明屢言存天理去人欲，都是就個人修養上說，其所謂事上磨鍊亦不外即事以正心，問題就比較單純。但至其晚年，講萬物同體之旨，其所謂去私欲之蔽就不止於個人修養，更有治國平天下之意義。功利派的人以爲，講良知而限於個人，還勉强可以承認，然而欲治其國家而痛斥功利之毒，絕對是迂曲難通不可思議之事。陽明說功利派之人「以若是之積染，以若是之心志，而又講以若是之學術，宜其聞吾聖人之教，而視之以爲贅疣枘鑿。則其以良知爲未足，而謂聖人之學爲無所用，亦其勢有所必至矣！」也以爲良知說難服後世之人。

政治應該立基在萬物一體之仁上，抑或功利考慮上？從實利觀點來說，上古聖人之治不可復見，沒理由斷定其實效必然大於後世霸者之政。今人建功立業，雖爲濟其私而滿其欲，但既能成天下之務，效益已見，就不必更追問其動機。從實例觀點，從大勢所趨，已確乎是功利的時代，陽明又何苦費盡力氣要「拔本塞源」呢？陽明的力爭實在關係到儒家理想的王道是否有成立的理由，以及其良知之學是否有推行於社會的可能。試看陽明的說法。陽明所以主張聖人之道而斥功利之毒，是以眞切的感受爲出發點，此即儒家理想王政的基礎。上一節曾指出陽明萬物一體之念是眞誠惻怛疾痛迫切的感受，人有此良知，就時時想要跳出功利的窠臼。三代以來千餘年間，良知惻怛與功利政治的爭戰從未停息過。雖未能挽回功利政治，至今「功利之毒淪浹於人之心髓，而習以成性」，陽明却還有自信說「所幸天理之在人心，終有所不可泯，而良知之明，萬古一日，則其聞吾拔本塞源之論，必有惻然而悲，戚然而痛，憤然而起，沛然若決江河，而有所不可禦者矣！」萬物一體之念是良知的同然，所以陽明勇於疾呼，冀出仕者以此發心行政。

從眞切感受處建立王政的基礎是純理學的講法。陽明還能從實利處講良知政治的好處。至少可以這樣說：不講良知，只競逐於功利，將使天下大亂。答聶文蔚第一書：「後世良知之學不明，天下之人，用其私智，以相比軋，是以人各有心，而偏瑣僻陋之見，狡僞陰邪之術，至於不可勝說。外假仁義之名，而內以行其自私自利之實。詭辭以阿俗，矯行以干譽，揜人之善，而襲以爲己長；訐人之私，而竊以爲己直。忿以相勝，而猶謂之狥義；險以相傾，而猶謂之疾惡；妬賢忌能，而猶自以爲公是公非；恣情縱欲，而猶自以爲同好惡。相陵相賊，自其一家骨肉之親，已不能無爾我勝負之意，彼此藩籬之形，而況於天下之大，民物之衆，又何能一體而視之？則無怪於紛紛籍籍，而禍亂相尋於無窮矣！」良知之學不明，則人類不知萬物同體之公爲何物，政治活動只是追求個人私欲的滿足。政治的基礎是偏見和狡術，却要假借仁義之名，久假而不歸，甚至連自己都以爲是正義的化身。此卽三代以下霸道政治的形態。這種政治施行的結果是在位者的相傾軋、爭勝負。在功利的驅使下，人人力求博學多能，所謂「相矜以知，相軋以勢，相爭以利，相高以技能，相取以聲譽」。表面上，由功利心帶來的競爭能促成個人能力的發展。但這些學能只做爲個人營謀更高職位，包攬更大權勢的憑藉，並非有心爲生民立命，所謂「其稱名借號，未嘗不曰吾欲以共成天下之務，而其誠心實意之所在，以爲不如是則無以濟其私而滿其欲」者是也。動機既不純正，其高才博學皆可成爲肆行所欲的工具，或者用來在同僚間相互鬥爭，或者賺取長官的器重與提拔，或者藉以搜刮天下的財帛子女，却仍用仁義道德的美名來粉飾，而洋洋得意自以爲是。但政治的鬥爭，對人民的壓迫，終有稱名借號所不能掩飾、權謀術數所不能籠罩的時候，此卽三代以下禍亂相尋的根源。（註六）由此觀之，雖在重視實利的政治之間，良知亦是不可不講的。

現在再回到陽明以萬物一體之仁爲基礎的政治。政治要長治久安，首先動機要純正，所以聖人要推其天地萬物一體之仁以教天下，使人皆克私去蔽以復心體之同然。但從另一方面說，聖人之學，雖「大端惟在復心體之同然，而知識技能，非所與論也」，然而知識技能終究是行政的要件，仁心還得透過仁政才得表現。知識技能不成爲霸者的藩籬，將是怎樣的形態呢？我們可將陽明對知識技能的看法歸結出幾個特色：

一、簡單化。自萬物一體之念發出的事業，目的在貢獻其才能以相生相養。既然沒有功利心在後驅迫，便沒有相矜誇相爭勝的心理。知識技能取其實用而止，不會希高慕外，求其宏富兼人。陽明曾謂天下之大亂由於虛文勝而實行衰，人出己見，新奇相高，有聖人起，必重敦本尙實，反樸還淳之行，（註七）則其意指可以概見。

二、專門化。陽明提倡的教育既然「惟以成其德行爲務，以復其心體之同然」，才能教育只是此前提之下一種簡單化的教育，於是惟有因其賦性所近而求其專門。學校教育以成德爲主，附帶的訓練其專門職能，出校門後終身居其業而不改。成德教育與簡單專門化的職能教育是互相配合的，成德教育重反樸還淳，無餘力且不願費心於誇多鬥靡型的知識技能。而且既以成德爲主，知識技能亦將不期然而然的簡單化專門化了。

三、才能公有。萬物一體前提下的知識才能，除了簡單化專門化的特色外，最重要的還是不私有其才，己之才能完全是爲了大羣的生養而奉獻，他人的知識才能亦視若己出，無有人己之分、物我之間。唯有如此，知識技能雖簡單專門化，在互通有無的情況下仍足以擔荷得天下國家的巨責重任。更重要的一點是，職業既有分化，就有崇卑勞逸之分，此時才能公有可破爭奪忌嫉自卑之心，所謂「用之者惟知同心一德，以共安天下之民，視才之稱否，而不以崇卑爲輕重，勞逸爲美惡；效用者亦惟知同心一德，以共安天下之民。苟當其能，則終身處於煩劇，而不以爲勞；安於卑瑣，而不以爲賤」是也。聖人之教既然要使天下之人皆克私去蔽，復其心體之同然，則應該使工作最卑瑣煩劇之人同樣的能自尊自信，而完成其人格。

以上所論，是以萬物一體的教育爲主，再推到如何安排政治社會上所必不可少的知識才能職業，使其配合萬物一體之仁。我們還可以換個角度來說明兩者的關係。前章曾論心體明瑩無滯必須表現於事爲之義。萬物一體之仁是眞切具體的感受，不似只說心體明瑩無滯般的抽象，然而有此感受，亦必發揮到事爲之上，以達其萬物一體之用。本章首節論明德親民卽此義。拔本塞源論謂聖人之教的大端是堯舜禹相授受的道心執中，其節目則是五倫，兩者密合無間，才是唐虞三代的教與學。知識才能職業與萬物一體之仁的關係則較爲間接，所以陽明只視之爲附帶教育。但是間接也罷。總是有關係，可容我們進一步的發揮。此義在陽明思想中比重雖輕，却應特別重視，使事上磨鍊的工夫得以完整。從陽明萬物一體之教來說，明德是立其天地萬物一體之體，親民是達其天地萬物一體之用。故明德必在於親民，而親民乃所以明其明德。知識才能職業雖有無關道德的實然層面，我們却可專就有道德意義的應然層面來論其必要性。知識才能職業是爲了大羣生養，卽是親民之具。於是明明德不能離開知識才能職業。欲明明德卽須共成天下之務，這樣就建立了知識技能職業諸實務在道德生活中的地位。（註八）知識技能職業的實踐亦須「同心一德以共安天下之民」，不可爲了「濟其私而滿其欲」，這樣就使其實踐成爲明其明德的工夫，而化實務爲道德。由是言之，以同心一德辦實務，則實務就是道德實踐；比起曩昔的因事明心，事只作媒介，工夫與收穫只在心地的存理去欲，又更簡易眞切了。事上磨鍊工夫須包括此義，始爲完備。

第三節　隨才成就說

上節論拔本塞源論，已及道德實踐須表現於客觀實務、客觀實務須經道德裁成諸義。今再引用材料申述，以盡其說。

傳習錄中答歐陽崇一書主要發揮「爲學終身只是一事」的意思。一事就是致良知，假如能得其頭腦，從同心一德處發用出來，則客觀事爲皆是致良知。就知識活動而言，陽明云：「良知不由見聞而有，而見聞莫非良知之用，故良知不滯於見聞，而亦不離於見聞。…大抵學問工夫只要主意頭腦是當。

若主意頭腦專以致良知爲事，則凡多聞多見，莫非致良知之功。蓋日用之間，見聞酬酢，雖千頭萬緒，莫非良知之發用流行。除却見聞酬酢，亦無良知之可致矣！」見聞卽知識活動，第五章曾論陽明以事上磨鍊取代朱子知識工夫，此處把事上磨鍊推高一層，卽可把知識工夫包括進去。於是「日用之間，見聞酬酢，雖千頭萬緒，莫非良知之發用流行」之言，卽有更進一層的意義：致良知於見聞酬酢之間，不只是使我的良知明白，還要使客觀的見聞酬酢成爲表現我的良知的道路。這時見聞酬酢固然會受到良知的裁成，卽必爲簡單專門實用化的，不可能是誇多鬥靡的虛文。然而見聞酬酢本身卽有價値，爲了達到同心一德萬物一體的理想，卽須求其完成。這時，求其完成之心卽是良知，使其完成卽是致良知，答歐陽崇一書下一段話尤其淸楚：

寧不了事，不可不加培養之意，且與初學如此說，亦不爲無益。但作兩事看了，便有病痛在。孟子言必有事焉，則君子之學，終身只是集義一事。義者宜也，心得其宜之謂義，能致良知，則心得其宜矣！故集義亦只是致良知。君子之酬酢萬變，當行則行，當止則止，當生則生，當死則死，斟酌調停，無非是致其良知，以求自慊而已。故君子素其位而行，思不出其位，凡謀其力之所不及，而强其知之所不能者，皆不得爲致良知，而凡勞其筋骨，餓其體膚，空乏其身，行拂亂其所爲，動心忍性，以增益其所不能者，皆所以致良知也。

陽明之言是針對崇一的問題：「竊意覺精力衰弱，不足以終事者，良知也；寧不了事，且加休養，致知也；…然或迫於事勢，安能顧精力？或困於精力，安能顧事勢？如之何則可？」而發。崇一謂精力事勢常難兩全，凡是把事爲當做正心誠意的憑藉，不重視客觀事爲的完成者，都會發生這個問題。陽明較早時主張的事上磨鍊使心體明白之說亦不能免此。如其所謂「人須在事上磨，方能立得住，方能動亦定靜亦定」，是指事上磨鍊後純乎天理不動於欲而言，未及事爲本身的完成與否，假如事變甚鉅，難免不發生類似崇一的問題。此處陽明答崇一，把客觀事爲的完成包含於致良知之中，是其學說的進步處。良知固然有選擇事爲的權利，人各有其才能，凡不自忖度，一味希高慕大，都是私欲，所以「凡謀其力之所不及，而强其知之所不能者，皆不得爲致良知」，但發展其潛能，「動心忍性，以增益其所不能」，却是致良知。致良知卽包括了發展潛能，則爲其所應爲，以至生死以之，都應該包括於其中。爲了達其萬物一體之用，自應因其才性所近而求事爲的完成，事爲的實踐就是良知的流行，而其完成卽良知的暢遂。

陽明又云：「聖賢非無功業氣節，但其循着這天理，則便是道，不可以事功氣節名矣！」（註九）功業可以是霸術，氣節可以是虛矯之氣。致良知卽是把這種「氣質用事」加上一番陶鑄裁成之功，銷去私欲客氣，使其自同心一德萬物一體之仁處發出，則事功氣節便是道。陽明有「性一而已，仁義禮知，性之性也；聰明睿知，性之質也」（註十）的話，氣質還是屬於性的，功業須才能，氣節須剛烈，是隨人而異的氣質，但仍應視爲性中之物，與致良知的活動同時表現出來。雖以性之性爲主腦，爲達天地萬物一體之用，仍應完全肯定功業氣節。

陽明又云：「蘇秦張儀之智，也是聖人之資。後世事業文章，許多豪傑名家，只是學得儀秦故智。

儀秦學術，善揣摸人情，無一些不中人肯綮，故其說不能窮。儀秦亦是窺見得良知妙用處，但用之於不善爾。」（註十一）此條曾引起許多人的不滿，但實不難解。聰明睿知是性之質，致良知者於人情事故應能處其當。儀秦因有私心，而不可謂當理，但仍可說是「窺見得良知妙用處」。

以上所論，是致良知必須包括實務的完成。更進一步，陽明又有言及致良知有助於實務之處。第三章引陽明論隨才成就，謂「到得純乎天理處，亦能不器」，即其一說。今再引證說明陽明這個看法。

陽明有聖學有益舉業之論，謂「學聖賢者，譬之治家，其產業第宅服食器物，皆所自置。欲請客，出其所有以享之。客去，其物具在，還以自享，終身用之無窮也。今之爲舉業者，譬之治家，不務居積，專以假貸爲功，欲請客，自廳事以至供具百物莫不遍借。客幸而來，則諸貸之物一時豐裕可觀；客去，則盡以還人，一物非所有也。若請客不至，則時過氣衰，借貸亦不備，終身奔勞，作一寠人而已。是求無益於得，求在外也。」（註十二）學聖賢者產業皆自置，是比喻學問須有得於心，始能爲我有。做舉業就須讀書，即做「多識前言往行」的工夫，這工夫是爲了「畜其德」呢？還是僅爲中舉？假如是畜德，必定是以良知對前言往行判斷一番，使德性益明；但同時前言往行亦經其心精審的衡量，能夠歷久不忘。若僅爲中舉，必然只在强記或模擬上用功，此即「假貸」。由是言之，致良知對於學問的增進，無論就理解與記憶而言，都有積極的意義。

良知有益實務之論，陽明未多發揮。但就上擧以觀，已確乎可爲隨才成就之一義。

【附註】

註一　如大學問云：「蓋昔之人固有欲明其明德者矣！然惟不知止於至善，而騖其私心於過高，是以失之虛罔空寂，而無有乎家國天下之施，則二氏之流是矣！固有欲親其民者矣！然惟不知止於至善，而溺其私心於卑瑣，是以失之權謀智術，而無有乎仁愛惻怛之誠，則五伯功利之徒是矣！」

註二　見傳習錄中答聶文蔚第一書。

註三　此點近時學者多有論列者，如牟宗三：從陸象山到劉蕺山（學生書局版）二三八頁云：「良知之照臨不只是空頭的一覺，而是即在其照臨的一覺中隱然自決一應當如何之方向，此即所謂良知之天理。而且又不止是決定一方向，它本身的眞誠惻怛就具有一種不容已地要實現其方向（天理）於意念乃至意念之所在（物）以誠之與正之之力量。」杜維明：王陽明答周道通書五封（大陸雜誌第四十七卷第二期，七—十三頁）：「良知並不是靜態的形式而是無時無刻不在反省、判斷、與創生的動力。這種獨立於感官之外而又不離見聞的動力不僅是理性的分析而且是「情」「意」的綜合。」用孟子的辭語來簡括，就是良知包括了良能。傳習錄中答陸原靜第二書云：「所謂生知安行，知行二字，亦是就用功上說。若是知行本體，即是良知良能。」蓋謂從工夫上說才須說良知與致良知，以勉人用功。從本體上說則只是一體的良知良能。

註四　傳習錄上第一節。

註五　秦家懿「獲得智慧」頁一三二說，陽明的聖人並非沈思於與世界冥合，而是一個有社會政治責任的人，努力把這實體變爲社會政治的事實。

註六　這思想再推演下去，即與梨洲的政治思想相接。可參考明夷待訪錄原君、原臣、原法諸篇。

註七　傳習錄上十一節。該段話指著述而言，但亦可推到各方面的知識技能上。

註八　明清之際，講陽明學的唐甄圃亭即發揮此意。他提出「性才」，以爲是充天地萬物一體之仁所必由。見潛書上篇上：

「性才」、「性功」諸篇。

註　九　傳習錄下二十三節。

註一〇　答陸原靜第二書。

註一一　傳習錄下一〇六節。

註一二　年譜五十三歲八月條。

第八章 結 論

在第一章，我曾提出陽明學問進展的要素是實踐、反省與眞切之感。在全文結束之際，我們做一回顧，將益發感到此語不虛。陽明青年時，學朱子就眞正去格竹子，無所得則心持惶惑；慕道家就習養生靜坐，而一旦體悟愛親本性，就毅然選擇入世。可見陽明實踐之勇、反省之切，有眞正追求安心立命的熱忱，而無視於傳統的學術標準。陽明在龍場時，爲了超脫夷狄患難，遂徹底地實踐去除私欲的工夫。工夫的鞭辟入裡，竟到了連生死一念都消化的境界。此時猛一反省，便體悟得「聖人之道吾性自足」，而建立了新的學說。

陽明學問較朱子進步處，在於他眞正認淸道德之理的本質。朱子區別不淸實然的事物之理與應然的道德之理，遂以爲向外窮理可以得到「物之宜與不宜，事之可與不可」的應然性知識。陽明則專講應然的道德之理，並且指出道德之理只能是無私欲間雜的道德之心。於是陽明揭出「心卽理」的新說。我們應注意，「心卽理」的新說，是陽明經歷一番徹底的道德實踐工夫，掃除廓淸了私欲之後，才能有的眞切體認。我標擧陽明思想進展的幾個要素—實踐、反省與眞切之感，其實就是道德生活的要素。

由此我們可以說陽明提出的學說與其自覺的實踐，實在是宋明道德思想發展的最高峯。

「心卽理」是理論的悟見，陽明下一步的工作就是提出敎法，敎人做「去私欲之蔽」的工夫。道德牽涉到心與事兩個方面，陽明的敎法便是討論心事之間如何用功，這便是「知行合一」說。這敎法本身也逐漸進展著，其趨向仍然不外於眞切具體，使人有著力實踐之地。陽明四十三歲在南都才確立了「事上磨鍊」的敎法。道德心若無私欲之蔽，必然會表現爲道德行爲。事上磨鍊是逆溯的程序，在具體的事爲上做「存天理去人欲」的工夫。事爲上無私欲間雜，便是道德心的完全潔淨。這個說法用大學的術語來解釋，卽是「格物以誠意」。

陽明從「事上磨鍊」的工夫中進一步體驗出良知。事上磨鍊是在事爲上存天理去人欲，必須先有判別天理人欲的能力，然後能做存理去欲的工夫。這能力是先天的、恆在的。體悟出良知之後，工夫回復到順的程序。良知是心體明瑩無滯的自覺，當良知隨事發現時，自然能照察到含藏的私欲。去除私欲而使良知順暢流行的工夫，就是致良知，也就是事上磨鍊。於是陽明所主張的工夫雖然仍是事上磨鍊，但意境已經不同，乃是使良知流行到事物之上的工夫。用大學的術語來解釋，卽是「致知在格物」。

陽明晚年指點學生做工夫，其要點仍然是事上磨鍊。事上磨鍊雖然是很單純而質實的話頭，但確實實踐仍可臻於高深博大之境。高深的一面，可擧四句敎做代表，在四句敎中，心體的虛靈無礙與工夫的緊密確實已得到統一。博大的一面，則明德親民說，拔本塞源論皆是，已能確定政治社會的活動與才能氣質的稟賦皆有道德的必要性。然而雖高深博大，却更能符合實踐、反省、眞切這幾個要素。

以上約略爲本文做了總結。本文論陽明思想的進展，原希望同時從理論發展與實地踐履兩個角度來探討。然而通觀全文，究竟是理論推演之處多。處理思想性的問題，此種傾向終是難免。在全文結束之前，我想就陽明的實地踐履處再加數語，以補充本文的欠缺。

陽明的一生，道德純備，事功顯赫，二者分別受到後學的推崇。推崇其道德的，可擧王門弟子。推崇其事功的則是史學家。陽明的一生，歷任知縣、巡撫、總督，是政治家與大將，有赫赫之功在人眼目。翻開各種陽明的傳記，都記載着他怎樣少有異稟，怎樣中進士而入仕途，怎樣在漫長的宦途中，風雲際會地表現其氣節、將才與鉅功。史學家顯然震赫於陽明的功業。三不朽中，立功一項每因日久而漸爲人忽視，經由史傳的記載，才可以遙想到當時陽明的霹靂手段是怎樣震驚人的耳目。

王門弟子與史學家分別推尊陽明的道德與事功。我們論陽明的實地踐履，則應注意二者的關係。其實陽明自身也注意二者的合一互濟。陽明本是天資異稟又氣質豪邁之人。其驚天動地的功業本出於性分之固然，他的一生也大體未離開軍政界。然而他又是「學道人」，常想「不離事爲之間來講學」，此即其「事上磨鍊」；他終於能使其功業道德化，此即其「隨才成就」。事上磨鍊與隨才成就便是道德事功得以合一互濟的樞紐。

陽明與黃宗賢書云：「近與誠甫言，京師相與者少。二君必須彼此約定，但見微有動氣處，即須提起致良知話頭，互相規切。凡人言語正到快意時，便截然能忍默得；意氣正到發揚時，便翕然能收歛得；憤怒嗜慾正到騰沸時，便廓然能消化得；此非天下之大勇不能也。然見得良知親切時，其功夫又自不難。」雖是對弟子的訓示，却未嘗不是自道變化氣質工夫。陽明本是氣質豪邁之人，必曾有深刻地自反消化工夫，把英雄豪傑氣用道德來陶鑄融裁。這種事上磨鍊雖以成就道德為務，由於未離事為，竟然同時也成就了事為。變化氣質並非把有才氣之人變成呆漢，反而要化偏險為坦蕩，以成就其大器。變化氣質正為除去良知蔽塞，使知謀才略得以正當地去表現，故云：「諸君知謀才略，自是超然出於衆人之上。所未能自信者，只是未能致得自己良知，未全得斷斷休休體段耳。須是克去己私，眞能以天地萬物為一體，實康濟得天下，挽回三代之治。」就是隨着已有的才能而去私欲之蔽，以公心徹底發揮其才能，此卽隨才成就。

陽明又云：「聖賢非無功業氣節，但其循着這天理，則便是道，不可以事功氣節名矣！」陽明一生，從具體處看，所成就的是功業氣節；從道德觀之，則成就了道。欲知陽明，應從二者合一之處看。陽明的資性使他一定會成就功業氣節，但他更能裁成調節，無私無我，而使功業氣節道德化，此中過程卽是事上磨鍊，隨才成就。

根據以上的說明，我們可以看出陽明重視事為上的實踐，實在是以實際人生經驗為根據的，由此深切反省，才建立了事上磨鍊的工夫論。

參考書目

一

王文成公全書　王守仁　四部叢刋影明隆慶刋本

王陽明全書　王守仁　正中書局

王陽明選集　王守仁　中國子學名著集成本

王陽明先生經說弟子記　胡泉編　廣文書局影清咸豐刋本

傳習錄　三輪希賢注　漢文大系本

傳習錄注釋　于清遠注　黃埔出版社

傳習錄索引　荒木見悟主編　九州大學中國哲學研究室

二

明史紀事本末　谷應泰　三民書局

明通鑑　夏燮　世界書局

國榷　談遷　鼎文書局

王守仁傳（明史卷一九五）　張廷玉　鼎文書局

王守仁傳（明史竊卷七五）　尹守衡　華世出版社

明儒王子陽明先生傳（思復堂文集卷一）　邵廷釆　華世出版社

王文成傳本（西河文集第七册）　毛奇齡　國學基本叢書本

王陽明先生出身靖亂錄　墨憨齋（馮夢龍）　廣文書局

西園聞見錄卷七—道學　張萱　華文書局影印哈佛燕京社本

三

明儒學案　黃宗羲編　河洛出版社

朱子語類　朱熹　正中書局影明成化刋本

朱子大全　朱熹　四部備要本

四書集注　朱熹　藝文印書館影清吳志忠刋本

大學或問　朱熹　朱子遺書本

大學彙函　中國子學名著集成本

王龍溪語錄　王畿　廣文書局

困知記　羅欽順　中國子學名著集成影明嘉靖刋本

四

中國哲學史	馮友蘭	
中國思想史	錢穆	華岡出版社
中國思想史	韋政通	大林出版社
中國哲學史	勞思光	三民書局
中國思想史	加藤常賢等撰 蔡懋堂譯	幼獅文化事業公司
中國思想之研究㈠儒家思想	宇野精一主編 洪順隆譯	幼獅文化事業公司
中國哲學原論導論篇	唐君毅	學生書局
中國哲學原論原性篇	唐君毅	學生書局

五

宋學概要	夏君虞	華世出版社
理學綱要	呂思勉	華世出版社
中國理學史	賈豐臻	商務印書館
宋明理學	吳康	華國出版社
宋明理學概述	錢穆	學生書局

中國哲學原論原教篇	唐君毅	學生書局
明代思想史	容肇祖	開明書店
心體與性體	牟宗三	正中書局
從陸象山到劉蕺山	牟宗三	學生書局
王陽明致良知教	牟宗三	中央文物供應社
王守仁	錢穆	商務印書館
朱子新學案	錢穆	自印本
中國學術思想史論叢第七册	錢穆	東大圖書公司
陽明學	賈豐臻	商務印書館
陽明學論文集		中華學術院
梅園論學集	戴君仁	開明書店
王陽明聖學探討	鄧元忠	正中書局
王陽明哲學	蔡仁厚	三民書局
朱晦菴與王陽明二氏學術思想之比較研究	賈銳	中國學術著作獎助委員會
陽明講學的精神和風度	張濟時	國父遺教出版社
陽明學說體系	黃敦涵	泰山出版社

王陽明的政治思想　李福登　私立台南家政專科學校
王門諸子致良知學之發展　麥仲貴　香港中文大學
王陽明成德之教探微　黃麗娟　台大哲研所68年度碩士論文
朱子學と陽明學　島田虔次　日本岩波書店
Tu Wei-ming. *Neo-Confucian Thought in Action: Wang Yang-ming's Youth(1472-1509)*.
（新儒家思想的實踐，王陽明的青年時代（一四七二—一五〇九）杜維明　宗青圖書公司）
Julia Ching. *To Acquire Wisdom: The Way of Wang Yang-ming*.　Columbia University.
（獲得智慧，王陽明的道　秦家懿　美國哥倫比亞大學）

六

王陽明功業及其遭誣始末　翁咸新　暢流五十二卷八期
陽明學說體系新探　梁兆康　復興崗學報十六期
王陽明對道禪的吸收與活用　朱秉義　華學月刊七七期
日本天理大學藏「王陽明講學答問並尺牘一卷」初探　杜維明　大陸雜誌四六卷三期
王陽明答周道通書五封　杜維明　大陸雜誌四七卷二期
陽明心學之再闡釋　劉述先　新亞學術年刊十四期

王陽明龍場悟境探微　林繼平　新時代十四卷二期
王陽明悟良知及其事功人格之展現　林繼平　文藝復興五十期
孟子與陽明的良知說　詹秀惠　孔孟學報三十四期
朱晦菴與王陽明　宇野哲人　中央研究院史語所集刊三十六本